1万人以上のママが実践！

1週間で男の子の しつけの悩みが なくなる本

谷 亜由未

Tani Ayumi

かんき出版

はじめに

「わが子が宇宙人で、まったく理解できない…」

男の子のママたちから、驚くほどよく耳にする言葉です。

私はこれまでに、子育てコーチング事業を通して、のべ1万人以上のママたちの悩みを聞いてきましたが、その中で実感していることは、ママたちの考える常識に当てはまらないような行動をする男の子が、非常に多いことです。

たとえば、幼稚園の上靴を何度言っても持って帰ってこない。筆箱に鉛筆を満杯にして行っても、帰りには1本も入っていない。大事な課題や宿題を放置して、先生に叱られてもまるで平

然としている。小学校に入学したら、落ち着きがなくなって問題児扱いされる。みんなと一緒に教室にいることができず、外に飛び出してしまうこともある…などなど…。

そんな子どもたちにどう接したらいいかわからず、ついついイライラ、ガミガミ怒ってしまって自己嫌悪に陥ってしまうママたちが、本当に多くいます。

でも、よく話を聴いてみると、算数や漢字が大得意であったり、興味を持ったことは徹底的に集中したり、とても優しいところがあったり…など、その子特有の特技があったりもするのです。

ただ、毎日接している私たちママたちの目には、子どもの足りないところがどうしても目についてしまい、「できていないことをどうにかしよう」と悪戦苦闘してしまいますね。本当は息子のよい部分を伸ばしてあげたいと思うのに、なかなかできな

いことに、ジレンマを感じてしまうこともあるでしょう。

本書は、日常的についイライラ、ガミガミして悩んでいるママたちが、ラクにのびのびとしつけができるための考え方や具体的な方法を解説した本です。しつけがラクになる考え方、さまざまな男の子へのタイプ別アプローチ法、困った行動への対処法、効果的なほめ方・叱り方、わが子の才能の伸ばし方、旦那さんであるパパにかかわってもらいたいこと…など、章ごとに、すぐに実践できて効果の高いものを厳選して紹介しました。

ママであるあなたの気持ちがラクになって、あなたと息子さんが前向きに毎日を過ごしていただけるヒントになることを願っています。

谷　亜由末

浣腸大好き！

5歳の幼稚園年中さんのKくん。

いつも、スキあらばママに浣腸！
幼稚園でも先生に浣腸！
ママ友が自宅に遊びに来たある日…
お客さまに喜んだKくんは

そのママ友にも浣腸！
トホホ…恥ずかしくて二度と誘えません…。

男の子の浣腸は、元気の証！？

必殺パンツ２枚重ね！

５歳・幼稚園年中さんのＭくん。

服を着るのが嫌いで、ある日、幼稚園に意気揚々とノーパンで登園！

普段はあきらめているママも、その日ばかりは注意！
「気をつけよう！」と意気込んだ（？）Ｍくん。

その日以来、パンツを２枚ばきして登園するように。

男の子はときどき極端！

実践したママたちの声

5日間で、息子のやんちゃ行動がなくなりました！

——4歳のママ・35歳 自営手伝い

子どもに対して「こうしなきゃ！」という思い込みが減りました！

——4歳のママ・32歳 働くママ

息子が見違えるくらい穏やかになりました！

——5歳のママ・30歳 主婦

以前は母親である自分にダメ出しばかりしていましたが、自分を責めなくなりました。子どもの思いも、素直に感じられるようになりました。

——5歳のママ・37歳 パートタイム勤務

谷さん流のしつけ方で、イライラが激減しました！

——2歳のママ・40歳 フルタイム勤務

怒らずにしつけをすることの大切さがわかったので、感情的にならず、落ち着いて子育てできるようになりました。

——3歳のママ・39歳 専業主婦

子どもの笑顔が増え「保育園に行きたくない」と言わなくなりました！

——4歳のママ・42歳 働くママ

息子が同年代のおともだちと見違えるほどうまくいくようになり、いまではやる気にあふれ、ピアノ、体操、英語…と自分から積極的にがんばっています。

——6歳のママ・43歳 働くママ

手もつけられないような暴れんぼうのわが子が、谷さんの教えでピタッと問題行動をやめました！

——7歳のママ・35歳 働くママ

母親の私がイキイキしてきたおかげで、子どもたちもイキイキして、主人も私の行動を認めてくれるようになりました！

——18歳・15歳のママ・45歳 会社員ママ

小さなことにイライラしなくなりました！

——10歳のママ・38歳 専業主婦

子育てに余裕ができました！

——10歳・8歳・6歳のママ・34歳 主婦

私のかかわり方を変えたことで、不登校気味だった息子が「自分から学校に行きたい」と言い、いまでは毎日元気に登校しています！

——8歳のママ・36歳 フルタイム勤務

何よりも、私自身のことが好きになりました！

——9歳・7歳・3歳のママ・38歳 保育士ママ

以前は、小学校の先生に呼び出されてばかりのスーパー困ったちゃんだったのですが、いまでは「まるで別人！ 見違えるように変わった！」と先生にほめられるようになりました！

——8歳のママ・43歳 保育士ママ

子育てが楽しくなりました！

——5歳・2歳のママ・33歳 モデル

自分の気持ち、声がけ、行動で、すべてが変わっていくことを体感しています。

——4歳のママ・43歳 フルタイム勤務

とても個性的な長男の子育てに自信がもてずにいましたが、「これで大丈夫！」と確信できるようになりました！　子ども自身が自分で物事を解決できるようにうながすことができました。

——7歳・4歳のママ・38歳 アルバイト勤務

母親である自分が変わったことで、親子関係も、夫婦関係も、比べものにならないほどよくなりました！

——8歳のママ・36歳 主婦

個性的でいうことを聞かず、人と違うことばかりする息子に、イライラしてばかり。まわりの子と比べては焦り、迷い、心配する…という日々が続いていました。でも、谷さんから教えていただいて一番大きかったことは、息子の目標と母親である私の目標が違うということに気づいた点です。息子は私の想像する枠などにおさまるような子ではないんだと、個性的で独創的であることを認めることができてからは、子育ての精神的負担から解放され、私自身の未来を考えることができるようになりました。

7歳のママ・35歳 主婦

谷さんに教えていただいたやり方を実践し、子どもの思い、立場になってみることで、子どもの行動の意味がわかるようになってきました。

——6歳のママ・36歳 主婦

いまの状況やまわりの人に対する感謝の気持ちが湧いてきました。

——3歳のママ・38歳 主婦

自信をもって、息子とかかわれるようになりました！

——6歳のママ・40歳 働くママ

しつけに対する焦りや心配がぐっと減りました！　子どもとのコミュニケーションが劇的に変わったのがとても大きいです。

——4歳のママ・37歳 パートタイム勤務

CONTENTS

1週間で男の子のしつけの悩みがなくなる本

PART 1 「うちの子は宇宙人!?」やんちゃな子をもつママが心がけたいこと

PART 2
「ママ大好き!」まっすぐな男の子に育つ習慣

PART 3 男の子がどんどん伸びる! ほめ方・叱り方

PART 4 ママがもっとラクになる♪ 考え方&かかわり方

EPILOGUE 男の子の才能がグングン伸びる カンタン習慣

カバーデザイン●井上新八
本文デザイン・イラスト●石山沙蘭

PROLOGUE

これが男の子の特徴です！

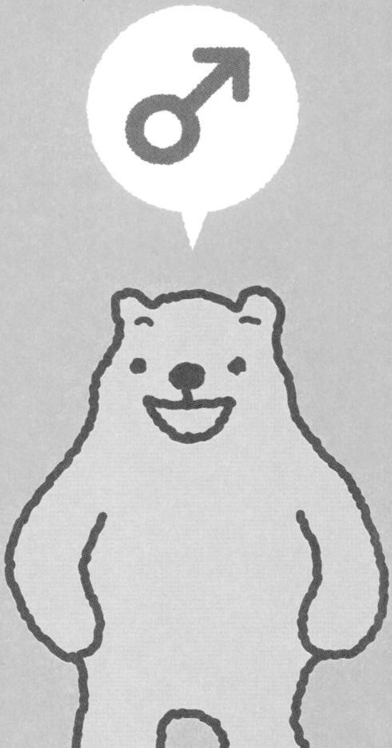

1 すぐに戦いごっこをはじめる

これは **問題なし！**

「武器を使わない」「物を壊さない」という約束事を守らせ、重大なケガにならなければＯＫでしょう。戦いごっこを楽しめるのはいいことです。戦いのときに、誰かが正義の味方になるようなイメージづくりをうながしてあげると、子どもたちの成長につながります。

「正義の味方○○マンなら、こんなときどうする？　どう動く？」と考えさせせることで、思いやりのある、人のためになることをする子が育ちますよ

2　すぐに裸・パンツ姿になる

これは　**何も問題なし！**

中学生になって、人前で裸になる子はいません。いまだけのことなので心配しなくても大丈夫です。逆に「パンツマン、登場！」とその気にさせてあげたほうが、子どもの満足感がアップします。

思いきり発散させて、「はい、おしまい。じゃあママはお片づけしようっと。そろそろ服を着ようね」と、このやりとりで、自然とおさまっていきますよ

3　ヒーローのように暴れる

これは　**問題なし！**

暴れるのは、男の子なら自然な行為です。ひとりで暴れている場合は、放っておいてあげましょう。
子どもがひとりのときには、ママが弱い子役をやってあげるのも◎。ママがヒーローに助けてもらって「〇〇マン、かっこいい♪」と声をかければ、正義感が強く、自己肯定感の高い子に育ちます。

4 おちんちん、うんちといった言葉が大好き

これは　まったく問題なし！

これは、人前で注目を浴びたい証拠で、大きくなるにつれて、言わなくなっていくものです。「おうちの中ではいいけど、外で言われると、ママははずかしいな」と伝えましょう。
その場で3回言っても直さない場合は、冷静にこう言います。
「○○くんは楽しいかもしれないけれど、まわりの人たちは気分をわるくするから、これ以上言うなら帰るけど、どうする？」

それでも続く場合は、何かをしている途中でも、「じゃあ帰りましょう」と、ささっと立ち去るぐらいでちょうどいいでしょう

5 服や物を散らかしっぱなしにする

これは　それほど問題なし！

ズバリ！　男の子はお片づけが得意ではありません！　片づけ上手なほうがめずらしいと思っておくと、気持ちがラクになります。そして、むやみやたらに手を出さないこと。ママが片づけてあげてしまうと、いつまでもやってもらうのが当たり前の子になってしまうからです。大切なものをなくして困るという思いをしないと、片づけようとはしないものです。

自分のものは自分で片づけないと、大事なものをなくしちゃうよ

いつまでも片づけない場合は、ほかのところにしまって

いらないと思ったから捨てちゃったよ

と冷静に言う。

子どもが泣いて悔しがるぐらいでちょうどいいのです。これで、「自分にとって大事なものは自分で管理しなければ」という価値観が芽生えるようになります

6 気になったものはなんでも持ち帰る

これは **ダメ！**

こんなことがあったときには、子どもに冷静に問いかけましょう。

これは誰のもの?

と相手の気持ちを考えさせる。

持って帰っていいのは、自分のものだけだよ

タダで持って帰ってくるのはドロボーだよ

自分がお店の人だったらどう思う？
○○ちゃんの立場だったらどう思う？

大きなことをしてしまったときほど、ママはゆっくり冷静に、低いトーンで問いかけたいですね。

怒って伝えても、子どもには、その内容はまったく頭に入りません

7 遊びに出かけて行くと、いつまでたっても帰ってこない

これは **問題視しすぎない**

こんなことが続いたときには「○時になったから帰らなきゃ」と子ども自身が思えるようなかかわりをしているか、考えましょう。

- 遊びに行くときには、時計を持たせる（タイマー付）
- おともだちのおうちに遊びに行くときには、遊び相手のママに、「○時になっても帰ろうとしなかったら、声をかけてもらえませんか？」と伝えておく（ママ宛に手紙を持たせてもＯＫ）
- 時間を守らなければならない理由を伝える
「遅くなると、相手のおうちに迷惑をかけちゃうんだよ」
「なにか事件や事故に巻き込まれたんじゃないかと、ママが心配になっちゃう」

小学校にあがる直前ぐらいからこんなふうに伝えてもいいでしょう。「大人になって、お金を稼ぎたいよね？　大人になって、お金を稼げる人になるには、時間を守ることが絶対に必要なことなんだよ。ママは○○くんに、自分の力で生きていける大人になってほしいから、時間は守ろう」

8　汚れていても気にしない

これは　それほど問題なし！

大切なことを伝えましょう。

くさくてきたない子がいたら、一緒に遊びたいと思う?

くさくてきたない子は嫌われちゃうんだ。おともだちにも遊んでもらえなかったら、かなしいよね

きたないところには、いいものがやってこないんだよ

ママは、くさくてきたない子がおうちに来たら、ちょっとおうちにあげたくないなって思っちゃう

１回では直らないものです。わかるまで、何度も何度も言い聞かせましょう。
繰り返し言ってもらったことは、子どもの脳に残ります。

男の子は汚くても平気なもの。
細かいことは気にしないくらいがちょうどよいでしょう

9 歩くときにムダな行動が多い

これは **それほど問題なし！**

車道に飛び出したり、信号を守らなかったり、歩行者や自転車にぶつからないよう注意すればOKです。あちこち動くのは、エネルギーがあり余っている証拠。少しのケガではへこたれない子を育てるつもりでいるほうが、強い子に育ちます。

車にひかれたら死んじゃうかもしれないよ

誰かにぶつかってケガをさせたら、相手も○○くんも一生悲しい気持ちになるよ

あまりに注意散漫な場合は、怒らずに、真剣な顔で、静かに説明しましょう。

小さなケガをしている子のほうが、逆に大けがをしないこともあるのです

10　冬服を着たがらない

これは　まったく問題なし！

男の子はよく動く分、体温が高くなりがちです。時期がきたら自分から冬服を着たがるようになるので、放っておいてあげましょう。自分で選んだコーディネートがおかしくても、問題ありません。まわりを気にするようになってきたら、自然と「これはどう？」と聞いてくるようになりますよ。

無理やりな修了式

10歳・小学校3年生のRくん。
持ち物をすべて持って帰られなければいけない修了式。
ほかのクラスメイトたちは事前に少しずつ自宅に持ち帰っていたので、最後の日の荷物も少ない。
…が！　Rくんは、当日全部持ち帰らなければならない羽目に。

多すぎて、
全部持てない…
上履きも持てない…
そこで…

上履きをはいたまま靴をはき、えっちらおっちら得意げに帰宅。

「ママ！　おにいちゃんの靴に
上履きが刺さってる！」

無計画なのは男の子の特徴！

５つの男の子タイプ

男の子は、大きく５つのタイプに分類できます。あなたのお子さんは、どのタイプでしょうか？

やんちゃし放題！

暴れんぼう将軍タイプ

欲求不満の状態かストレスがたまっているかもしれません。身体を動かす習い事や、身体を使った遊びを思いきりさせましょう。夜は一緒にお風呂に入って、ゆっくりお話ししながらチュッとしてあげるといいですね。元気な子は、よく育ちます！

何を考えているかわからない
お坊さんタイプ

人が話していることの内容や状況が、理解できていない可能性があるかもしれません。
ゆっくり話す、図や絵に描いて目で見える形で伝える、1つひとつ細かく説明する、イエス・ノーで答えられる質問を投げかける。こういったコミュニケーションをとることがとても大切です。その子のペースで話すようになってきますから、心配しないでくださいね。

神経質なくらい慎重派

こわがりやのぶるぶるくんタイプ

新しいことやものへの恐怖心が強い状態です。このタイプの子には、安心させてあげることが大切です。
まず親がやってみせてあげましょう。「ほら、こうやってやるんだよ」と、ゆっくり優しく丁寧に、見せて伝えると、子どもも取り組みやすくなります。寄り添って、一歩一歩進めば大丈夫です！

落ち着きがなくいつもウロウロ

おさるさんタイプ

ひとつのことになかなか集中できず、いろいろなことが気になって仕方がない状態です。このタイプの場合、怒って注意するのは逆効果。

目の前のことに集中してもらうには、やることをゲーム化する、遊び感覚で取り組ませるなど、楽しい要素を取り入れていくのがおすすめです。ウロウロ行動も、年齢とともに落ち着いてきますよ。

気づけばいつまでも何かに没頭
孤高の研究者タイプ

好きなもの、興味のあること・ないことがはっきりしていて、集中力のあるタイプです。このタイプの子には、好きなことを認めてあげることが大切です。子どもが没頭している世界のことがよくわからなくて不安になるママも多いのですが、心配はいりません。
もっとその子の興味のある世界を広げてあげるようなかかわりをしましょう。才能が開花していきますよ！

おいらは実験大魔王！

6歳・小学校1年生のTくんは、食べ物の実験が大好き。

何でも試してみたくなるようで…

- お菓子をお水に浸してドロドロにして食べる
- ラーメンをコップのお水につけて食べ、そのお水を「おいしい」と飲む
- バターやジャムを丸ごとたいらげたあと、パンを食べる
- うどんの中にパンを入れて食べる

もう…気持ち悪くて見ていられません！

男の子のしつけは放っておくことも大切!?

しつけお悩み相談室

ここでは、たくさんのママたちから寄せられる悩みにお答えします。

Q　夜、なかなか眠らなくて困っています。どうやって寝かしつければいいのでしょうか？

A　ママが一緒に寝るのが一番効果的

子どもが起きていたくなるのは、「起きていればもっと楽しいことがある！」と思っているから。パパが大好きで会いたいという気持ちもあるでしょう。
こんなときには、もう眠る時間だと思ってもらうよう、ママが電気を消して、一緒に寝てしまいましょう。これを数日続けると、「夜９時には眠る時間！」といった習慣が身につきます。

２歳から５歳ぐらいまでにこの悩みが多いですね

Q　スーパーに行くと「買って買って！！」と泣きわめきます…

A　泣けばいつも買ってもらえると思わせたらNG！

「泣いたら買う」を繰り返すと、「泣けば買ってもらえる」と思わせてしまいます。ただ、「ほしいんだね」という気持ちだけはわかってあげましょう。対策としては、買い物に行くときには、ルールを決めておくのがおすすめです。

例）「スーパーは、ごはんの材料を買いに行くところだから、○○くんのものは買わないよ」と伝えておく
「お手伝いのポイントが○回たまったら、買ってあげるね」というきまりをつくっておく

それでも泣きわめいたら「ほしいよね。でもきょうは買う日じゃないから、帰るよ」と言って、その場をあとにします。子どもが自分で生きていく力をつけるためには、仕事や役割をしてはじめて何かが得られるものだと、体感させることが大切です。

Q 幼稚園や小学校に行きたがらなくて困っています…

A 理由によって対応を変えましょう

「ママと離れるのがいやだ！」という理由の場合は、行くようにうながします。それが自立の第一歩だからです。
口調は優しく、心はクールにこんな言葉をかけましょう。

「幼稚園に行けば、おともだちもできるし、先生が楽しいことを教えてくれるよ」
「ともだちをたくさんつくれる楽しい場所だよ」

ママと一緒にいたい気持ちをもっているなら、その気持ち自体は受けとめてあげましょう。

「ママと一緒にいたいと思ってくれてありがとう。ママはおうちのお仕事があるから、ずっとは一緒にいられないんだ」
「どういうふうだったら行けるかな?」

どうしても行きたがらない場合、理由を聞いてみましょう。
たとえば、先生との相性がわるい、おともだちがいじわるをする、クラスで孤立しているなど…。

おかあさんは味方だよというスタンスで、
優しく問いかけます。

「どうして行きたくないのかな？」
「なにかいやなことがあったの？」
「行きたくない理由をおかあさんに教えて」

答えられずにもじもじしている場合は、担任の先生に、幼稚園や学校での様子を聞いたり、場合によっては１日、園や学校に付き添わせてもらうなどして、しっかり様子を見たほうがいいでしょう。

先生との相性がわるいことが原因ならば、思いきって転園・転校するのも考えてもよいですね

Q 買い物に行くと、ひとりでどこかに行ってしまうんです…

A なるべくおかあさんひとりで買いに行きましょう

まず、子どもがどこかに行ってしまうのは、数年でおさまりますから安心してください。買い物は、おかあさん自身がイライラしない方法を選ぶようにするのがおすすめです。

ネットスーパーや宅配サービスを利用したり、おかあさん自身のものを買うときにはひとりで出かけたり…。
日々の習慣のことですから、おかあさん自身が、ラクで気持ちよくいられるような工夫をしましょう。

ネットを使うとムダ使いも時間も節約できますよ

Q 宿題や学校からの配布物などをよく忘れて困っています…

A 行動パターンを習慣化するのが◎

「帰ってきたらランドセルをおろす→配布物や宿題を出す」という習慣をつくりましょう。
なるべく決まった時間にそうしてもらうのがよいでしょう。
おかあさんが働いていて、子どもの帰宅時に自宅にいない場合は、子どものすることを書き出して「見える化」しておくことをおすすめします。

＊メモの例＊

1　ランドセルをおろす

2　プリントや連絡帳を出す

3　ランドセルを片づける

上記の流れを子どもと一緒にシミュレーションして練習しておくのもいいでしょう。

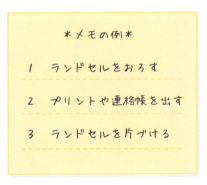

Q　外食すると、おおさわぎして、落ち着いて食べることができません！

A　思いきって外食を減らしてしまいましょう！

外でごはんを食べるときには静かに食べること、という約束事をつくっておきます。

約束を破ったら、食べている途中でも帰ってしまいましょう。
「子どもならなんでもゆるされる」「外食に行ったら騒いでもいい」という価値観を植えつけるのはNG。
まわりのお客さまに迷惑がかからないよう配慮する、靴のままイスの上に立たない…など、お店は子どもが社会性を身につけるための非常に重要なレッスンの場なのです。

外食に行くなら、マナーも守れる子どもになるというのはお約束にしたいですね

外食に行く機会を減らすのもおすすめです。
食事をつくるのが疲れてしまったときには、スーパーでお惣菜を買ってきたり、出前をとるなどして、外食しなくても対応できる措置をとりましょう。

ヨーロッパでは、子どもが小さいうちから、あえて高級なお店に連れて行く人もいるそうです。そうすると、場の雰囲気や空気を察知して、騒がないで食事できるようになるとのこと。ファミリーレストランや居酒屋ランチなどにばかり足を運んでいると、騒いでもＯＫという価値観が根づきやすくなってしまいます。

外食はたまに行くスペシャルなイベント事にして、ふだんは自宅で食べたり、持ち寄りパーティにするなどしたほうが、素敵な大人になりますよ♪

Q 「死ね！」「殺すぞ！」など、乱暴な言葉を使うんです…

A きっぱり叱りましょう

人は言葉からさまざまなものをイメージします。
乱暴な言葉を使うと、乱暴な映像な浮かび、心もすさんでいきます。
言葉は脳にも残るので、ネガティブ思考の子になる原因にも。

子どもが乱暴な言葉を使ったら、毅然と**「おかあさんはそんな言葉を聞きたくない！」**と伝えましょう。**「そんなことを言われたら、言われたほうはどう思う？」**
冷静に**「そういう言葉は嫌いです」**と言ってもいいでしょう。

親が毅然とした態度をとれば、遊び半分で言っている子も「いけないことなんだ」と自覚するようになります

Q　ともだちととっくみ合いのケンカをするとき、どうしたらいいかわからなくて…

A　理由を聞いてから注意しましょう

理由もなく相手に手を出すのはよくないこと。
「何か思うことがあるのなら、手でなく、口で言いなさい」
と強い口調ではっきり伝えます。

理由がありそうなら、**「どうしてそうなっちゃったの？」**と理由を聞いて、謝りに行きましょう。子どもが自分で言わなくても、親が謝りに行く姿勢が大切です。

危ない武器を使わなければ、そう問題はないと思いましょう
親が謝る姿を見せるほうが、子ども自身が反省しやすくなりますよ

Q　ともだちにいじめ、いじわるをしているようです…

A　子ども自身がさびしい思いをしている可能性大

このようなことが起こったら、まずいじめをしてしまうような心の状態にしてしまっていないか、親子関係を振り返ってみましょう。子ども自身に不満がつのっていたりすると、問題行動を起こしやすいのです。

「何があったの?」
「そういうことをした理由を教えて?」

どんな経緯でそうなったのか、優しく理由をたずねましょう。たとえ、わが子が誰かにいじわるしている場面を目撃したとしても、一方的にうちの子が悪いと決めつけるのではなく、「何か理由があるのでは？」と思ってあげることが大切です。

もしさびしい思いをさせているという心あたりがあるのなら、

「おかあさんがあなたにさびしい思いをさせちゃったから、そういうことをしたのかな？　ごめんね」

それと同時に、理由がなんであれ、相手に不快な思いをさせてしまったことに対して、子どもと一緒に親が謝りに行くことは、かならずしましょう。

そして、謝る姿を見せたら、それでおしまいにします。
そのほうが、子どもの心に反省の気持ちが湧いてきます。
そのあともガミガミ注意を続けると、子どもの中に嫌な気持ちだけが残り、ひねくれてしまって逆効果です。

一件がおわったら、ひき続き愛情を注ぎ続けていきましょう

Q ついてはいけない嘘をよくつくのが心配で仕方ないのですが…

A 原因がどこにあるのか考えましょう

嘘をつく原因は、３つあります。

1　想像と現実との区別がつかなくなったから

2　叱られたくないから

3　かまってほしい、さみしいから

男の子は空想が好きな子も多いので、話しているうちにまるで現実のように思いはじめて、結果として嘘をついてしまったということもあります。この場合、誰にも迷惑をかけていなければ、とくに問題はありません。年齢を重ねるにつれてなくなっていきます。

叱られたくなくて嘘をつくということは「正直に言えば叱られる」と思っているからです。
「嘘だとしたら、ママは悲しい。正直に話してくれるとうれしいな」と伝え、本当のことを話してくれたらおおいに喜んであげましょう。

一番問題なのは３つめのパターンです。これは、親自身が子どもがさみしがっていることに気づいていない場合が多いのです。普段から十分なスキンシップや愛情表現をしているか、話をよく聴いてあげているか…など、ママ自身のことを振り返ってみてください。

もし思い当たる節があれば、「**ママがさみしい思いをさせちゃったからだね。ごめんね**」と、子どものさみしさをくみ取ってあげてから、「**本当のことを教えてほしいな**」とたずねてみてください。本当のことを話してくれても決して叱らず、「**ありがとう**」と言ってくださいね。

ママのことが大好きだからこそ、ママとの関係に十分満足して安心できていれば、ついてはいけない嘘はつかなくなるはずですよ

Q 旦那さんにはどう接すればいいですか？

A パパを一番、子どもを二番に扱うこと！

夫婦円満の最大のコツは、子どもができてもパパを一番、子どもを二番に扱うこと。

帰ってきたときに、「**おかえり～**」と言ってハグしてチューしてあげると、旦那さんは歓迎された満たされた気持ちになりますよ。

男性は、仕事モードからおうちモードに切り替えるのに少し時間が必要です。
だから、帰宅して30分～1時間はそっとしておいてあげてくださいね

Q　母親の私が叱っても、子どもが言うことを聞いてくれません…

A　いざというときにガツンと叱るのはパパの役割

- ☑ 人のものを取ってしまったとき
- ☑ 人にケガをさせてしまったとき
- ☑ ママのことをバカにしたとき

など、人としてやってはいけないことをしたときには、パパがはっきりと厳しく叱ることが大切です。ふだんニコニコ見守っているパパが、いざというときにガツンと叱るからこそ、威厳が出て効果が高いのです。いざというときはパパの出番と心得ておきたいですね。

いつも怒ったり、怒鳴ったりしていると、父親＝「ただのこわい存在」になってしまうのでご注意を

COLUMN

パパにお願いしたいこと

→大きな存在として、どんとかまえてもらうのが◎

おとうさんは、子どもの教育について、あまり細かいことに口を出さないほうがいいものです。ママは子育てをがんばっています。パパがあまり口を出すと、ママを追い詰めてしまうことに。そうすると、夫婦関係だけでなく、親子関係にも影響が出てしまい、子育てするには苦しい環境に…。

「夢のある子に育てよう」「自立した子に育てよう」など、大きな目標は共有しつつ、日々の細かいところにはゆったりと大きくかまえてもらいましょう。

とくに、奥さん
へのダメ出しや
強制は絶対に
NGだよ！

PART 1

「うちの子は宇宙人！？」
やんちゃな子をもつ
ママが心がけたいこと

男の子のしつけがぐっとラクになる！心得8カ条

男の子はときに、宇宙人でもあり、怪獣でもありますね。でも、だからこそ、男の子のしつけの心得をママが知っておくと、心がすーっとラクになります。

1 男の子は、みんな宇宙人と心得る

そもそも性が違うので、違って当たり前なのです。パパのこともわからないことがたくさんありますよね。大人の男性でも理解できないことがあるのですから、子どもならばなおさらです。「わからなくても当たり前！」と思い、逆に愛すべき宇宙人の奇想天外さを楽しんでしまいましょう！

2 男の子は、叱っても効果がないと心得る

戦隊もの、電車、車、虫、恐竜など…、独特の世界観があり、その世界に入り込んでしまうと、注意されたこともどこへやら…すっかりと忘れてしまうのが男の子です。ですから１度や２度叱ったくらいでは、効果がないものと割りきってしまいましょう。ママがガミガミ叱っても、頭では違うことを考えています。根気よく諭していきたいですね。

3 男の子には、常識が通じないと心得る

ママが常識、と思っていることは、ほとんど男の子の常識ではありません。常識が通じないのではなく、本当はママと男の子の常識が違うのです。何しろ宇宙人ですから…。「これが常識でしょ」という考え方を捨ててしまいましょう。

4 男の子のしつけには時間がかかると心得る

ママが男の子にやめてほしいと思うことは、男の子ならではのエネルギーの高さや気質がもとになっていることが多いもの。つまり猛獣に芸を教えるようなものです。どうぞ猛獣使いになったつもりで、気長にしつけをしていきましょう。

5 男の子のしつけでは、プライドを傷つけないことを心得る

男の子は女の子よりプライドが高い生き物。それは大人も同じです。もともと男性は有能性の証明欲求が高いので、自分が無能な存在だと思うことはとても耐えがたいことなのです。「かっこよく女の子を守る存在でいたい」という本能的な欲求からくるプライドを傷つけないようにしましょう。

6 男の子のしつけは、いいかげんがちょうどいいと心得る

男の子は不器用です。ひとつのことに集中すると、それ以外のことに頭がまわらない、楽しいイメージが浮かぶと、動かずにはいられない…。そんな特性をもっている男の子を「しっかりきちんとした子になるようにしつけよう」と思うこと自体が、残念ながら間違っています。「いいかげんでちょうどいいんだ」と割り切りましょう。

7 男の子の扱いは「きっぱり」「さっぱり」と心得る

狩猟時代、男性は外に出て獣を追いかけ、女性は家で隣近所の人たちとかかわりながら子どもを守る、それが仕事でした。女性はゆったりと、人の気持ちを考えながら関係性を築いていくのが仕事でしたが、男性は獲物を見つけたら、すぐに動かなければ捕まえられません。また、失敗してもぐずぐずしていてはますます獲物が捕れずにおわってしまいます。だからこそ、男の子はグチグチが苦手。きっぱり、サッパリ、パパッと対応されるほうが心地よいのです。

8 男の子は「ママが最愛の恋人」と心得る

ママの理解を超えた宇宙人であり猛獣でもある男の子ですが、この世で一番好きなのは、生んでくれたママなのです。いうことを聞かないからといって、ママが嫌いなわけでは決してありません。ママが男の子をわからないのと同じように、男の子もママの頭の中がわからないだけ。愛情かけて育てれば、一生ママの強い味方でいてくれますよ。じつはパパよりも、変わらぬ確かな愛を心に誓ってくれています。

しつけが苦しくなる３つの考え方

ここでは、こんな心持ちでいると子育てが苦しくなってしまう３カ条をお伝えします。

子どもは自分と同じ基準ととらえてしまうこと

「私はこんなことなかった」「わが子なのに理解できない」と、自分基準で考えると苦しくなります。あなたのお父さま、お母さま、旦那さまもそれぞれ違うように、親子でも、愛する人でも違うもの。ですから、「違う」という前提で子育てしたいですね。

もともと、人はそれぞれ違うもの

育児書を信じすぎる

たとえば「3歳になったら子どもはこうなるもの」といったような育児書の発達度合いは、あくまで目安にすぎません。子どもたちは、すべて違うのがあたりまえです。参考にするのはいいとしても、信じすぎて苦しくならないようにしたいですね。何より一番信じるべきは、目の前のわが子です。

子育てやしつけでは、「何歳になったらこうなる」と、はっきり明言できることはない

「普通の子・いい子を育てよう」とする

「個性的な子を育てたい」と言ってはいても、いざ息子に個性が出はじめると「普通じゃなくて」と心配になってしまうケースが多くみられます。「普通の子」「いい子」ほど漠然とした言葉はありません。その枠をはずして個性を認めてあげると、ママであるあなたもお子さんもラクになりますよ。

「普通の子」なんて存在しない!

わが子が目指す「かっこいい！」を見つけよう

言うことをよく聞く子、なかなか思い通りにならない子、いろいろな男の子がいますが、子育ての基本は同じです。「親がどういう子に育てたいか」ではなく「その子がどういう人に育ちたいか」。それを大切にすると、親である私たち自身もラクになり、子どももラクになる。スイスイ伸びる。可能性が広がる――。
親の願望より、その子の心に寄り添って、一番輝く方法を共に見つけ、応援していきましょう。

「この子はどんなふうに育ちたいんだろう」を合言葉に

「子どもってこういうもの」という常識を捨てよう

ママたちのイライラの原因はほとんど、こちらの思った通りにならない「自分が恥ずかしい」ということです。「今ここで、こうして欲しいのにそうではない」あるいは「こんなことをされたら私が困る、恥ずかしい…」。その奥には「子どもはこういうものだ」という固定観念があるのです。「子どもってこういうもの」「自分と同じ」という考えは取っ払ってしまいましょう。

「違っていて、あたりまえ」と思おう

子どもをジャッジしない

言葉の出るのが遅い子、話していることの理解がなかなかできない子、時間が守れない子、忘れ物がなくならない子、じっとしていられない子などなど、その子たちを「悪い子」「困った子」「間違っている子」と思うとつらくなります。そのことは、悪いことでも間違っていることでもありません。
まずはそのまま「こういう子なんだ」と思って受け入れることで、「ではどうしようか？」と冷静に考えられます。

あるがままの子どもを
そのまんま受け入れよう

扱いづらい子ほどほめて伸ばす

ママが「育てにくい」と思っている子は、ほめられることも少なくなっているはず。でも、子ども自身もそんな自分に悩んでいたり、苦しんでいることもあるのです。そこにさらにママが追い打ちをかけては、その子の自己肯定感はどんどん下がってしまいます。扱いづらい子ほど、よいところ、できていることをほめて自信を持たせてあげましょう。それが将来生きていく力になります。

どんな子も、みんなほめられたい！

子どものしつけがうまくいかないのを自分のせいにしない

「こんなにわが子が育てづらいのは、私の育て方が悪いのかしら？」「育てづらい子が生まれてきたのは、私が何かいけなかったのかしら？」などと自分を責めるママもいますが、その子の個性は誰のせいでもありません。その子の個性にすぎないのです。一見困った子のように見えるわが子が目の前にいるということは、自分が人間としての幅を広げていくチャンス。将来ものすごい大物になるかもしれません。どうか自分を責めないでください。

ママが悪いわけではない。
個性が強いだけ

子どもが得意なことに とことん注目する

計算が苦手、漢字が覚えられない、お友達とうまく遊べない…ついついマイナスにフォーカスしてしまいがちですが、人間はもともとまん丸ではありません。できることできないこと、得意なこと不得意なこと…、これらはあるのが当たり前なのです。己という字は横向きの凹凸ですね。凹みが強ければ強いほど、飛び出ているところも強いもの。
才能は際限なく伸びていきます。できるところを探しましょう。

苦手が強いほど、得意も強い

「笑ってゆるして楽しんで」をモットーに

「きちんと子育てしよう」という思いが強すぎると、しつけが苦しくなります。「まいっかー」「こんなもんかー」「そういうこともあるよね」というゆるさと、ちょっとした失敗なら大声で笑い飛ばすようなおおらかさ、そして親が子どもと同じ目線で無邪気な遊びをして大笑いすることが、子どもの心と脳の扉を開くのにとてもいいことなのです。そのほうが、親である私たちも楽しくラクになれます。

どんなことも「まいっかー」で笑い飛ばそう

しつけに完璧を求めない

しつけに完璧を求めなくていいのです。**完璧を求める人は、「自分も完璧であらねば」という思いが強い**はず。これがエスカレートすると、やってもやっても満足できなくなってしまいます。能力の高い人が現れるたびに、人と比べて落ち込みます。
でも、親であるあなた自身にも、子どもにもOKを出せるようになると、毎日が楽しくなって、挑戦を恐れなくなるのです。

「この子はこの子でOK！」を合言葉に

予定通りにいかなくても焦らない

予定通りにならなかったときこそ、ママが成長するとき。不測の事態のときに臨機応変にどう対応していくか、考えて行動することこそ、ママが柔軟性を身につけて、器を大きくする絶好の機会です。「チャンスがきたー！！」と思って知恵を働かせましょう。
子どもは緊張したり、おどおどしたりしなくなります。
どんなことが起こっても乗り越えていけるようになり、自由にのびのびと成長できます。

予定通りにいかないときは「チャンスがきた！」と切り替えよう

その子の成長のペースに合わせる

焦りは人との比較から、多くを求めるのはママの一方的な理想から。そんなとき、中心に置くべき一番大切な子ども自身の存在が忘れられています。

成長のペースは人それぞれ。学校は大勢を一斉に教えるために年齢でひとくくりにしていますが、そもそも年齢で同じように成長するわけではありません。**その子のペースを大事にすることが、その子の個性や強みを一番輝かせることにつながります**。

「待つのも子育てのうち」ととらえよう

どんなときも
子どもの一番の味方であり続ける

どんなにママがわが子のことを愛していても、子どもの意思を尊重しても、うまくいかないことがあります。
でも、人の道にはずれたことをしたとしても、どんなに人に迷惑をかけてしまったとしても、信じてあげるのが親の役目。
親に信じる心があれば、子どもはかならずいい方向に向かっていきます。子どもにとっては、親は一番に自分を信じてほしい人です。だから、何があっても、わが子の手を離さず、あきらめずにかかわりたいですね。

あなたは子どもの最強の味方

扱いづらい子ほど、じつはピュアだととらえよう

扱いづらい子は、純粋に何かに没頭する力が強い傾向にあります。そして悪知恵を働かせることがありません。ただ自分が欲しいもの、いいと思ったことだけに集中し、素直にそれを行動に表しているだけなのです。

じつは、育てにくい子ほど、ありのままでピュアで繊細、心はキラキラと輝いています。子どもが何かに夢中になったら、そのまま取り組ませてあげましょう。そうすることで、その子の個性も伸び、心もピュアなまま大きくなっていきます。

キラキラの心をそのまま育てよう！

COLUMN

パパにしかできないかかわり方とは?

→男の子のオタクに付き合ってあげる

鉄道、昆虫、野球、サッカーなどなど…何かに夢中になるというオタクのような要素は、その子の才能の片鱗です。
わが子が何かに夢中になっているときには、どんどんそれを後押ししてあげてほしいのです。男の子特有の好きなものは、ママが一緒になって楽しむことはなかなかできないもの。

お仕事がお休みの週末など、ぜひわが子が夢中になっていることに付き合ってあげてくださいね。

逆に、パパの趣味に付き合ってもらうことも、男同士の絆が深まって、わが子の新たな可能性の芽を伸ばす鍵にもなるよ

PART 2

「ママ大好き！」まっすぐな男の子に育つ習慣

親がやってはいけない５つの習慣

ここでは、「これをしてしまったら子どもの心をくじいてしまう」という５つの習慣について、解説します。

きょうだいと比べる、よその子と比べる

子どもの心を傷つけることのひとつが「人と比べる」こと。**まわりの子と同じように育てようとすると、大変なストレスとなるばかりでなく、よいところを伸ばすことすらできなくなります。**比べるならその子の成長の中で比べてあげましょう。

ほかの子と比べるのは百害あって一利なし

子どもが話してきたときに無視する

無視は承認（認めること）の真逆。存在を認めてないということは、叱るよりもつらい仕打ちです。忙しかったり余裕がないときは、何の気なしに子どもが話しかけてきたことをスルーしてしまうことがあるかもしれませんが、子どもにとって、それほどさみしいことはありません。逆の立場になってみるとよくわかりますね。

子どもが話してきたときは
目を見てにっこり聞いてあげよう

先の心配ばかりする

子どもの将来が不安だからと、「あれだけはこれだけは…」と子どもの気持ちも聞かずに勉強させようという親御さんをよく見かけますが、将来のことは子どもにはなかなかイメージがつきません。
それよりも、目の前のやるべきことをどうしたらその子がラクに理解し、楽しんでできるのか、その方法を考えてあげるほうが、結局は将来のためになるのです。

先の心配よりいまを楽しんだほうが、
未来が拓ける!

甘えてきたときに拒む

疲れていると、子どもが甘えてくることさえうっとうしいと思うことがあるかもしれませんね。でもそんな自分を責めないでください。そのときかわいいと思えなくてもいいのです。

ただ、甘えてきたときは間違いなく愛情をほしがっているとき。演技でも、言葉がなくてもかまわないので、ぎゅっと抱きしめたり、頭をなでたりして、身体でかわいがってあげてください。
「ママに甘えてはいけない」「愛されていない」という思い込みをもった子は、心の痛みをどこにも出せずにどんどん抱える子になってしまうこともあり、しあわせ感が薄くなってしまいます。

子どもの甘えを受け入れると、
ママの心も癒される

子どもの前で夫婦げんかする

子どもの前で夫婦げんかをして、いいことはひとつもありません。夫婦がもめることで、「自分が生まれてきちゃいけなかったのかな」「ボクがいるせいでけんかがはじまっちゃうのかな…」と考える子もいます。たかが夫婦げんかと思うなかれ。子どもにとっては自己否定の原因にさえなってしまうのです。

言い合うのは子どもの見ていないところでと決めよう

この５つをしないように心がけるだけで、やんちゃ行動はおさまりますよ

朝晩、節目のあいさつを きちんと笑顔でする

どんな子どももママが大好き。「認められたい」「ほめられたい」という願望は共通してしまいます。その一番簡単な認め方が、「あいさつ」です。名前を呼んであいさつしてあげるだけで、子どもは「自分の存在を認めてもらえている」と安心するのです。

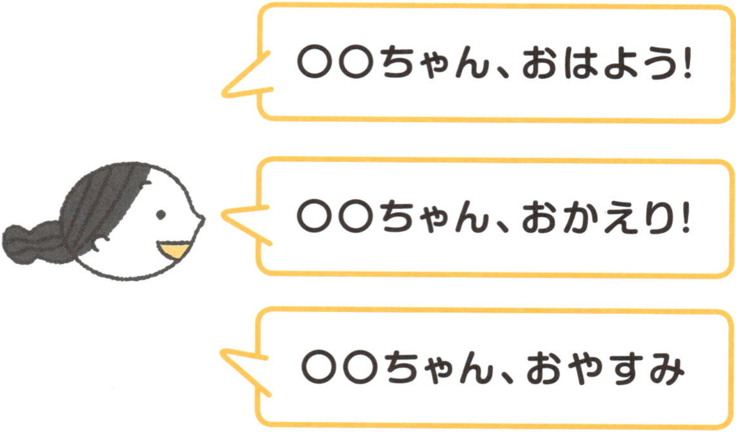
〇〇ちゃん、おはよう！
〇〇ちゃん、おかえり！
〇〇ちゃん、おやすみ

なにはなくともあいさつを！

「いってらっしゃい！」どんな日も元気な笑顔で

家の中、ママのそばはいわば安全地帯。幼稚園でも学校でも、それ以外のところは子どもにとっては安心感を欠く緊張の場です。それでも出かけていくわけですから、安全地帯から足を踏み出すわが子に、最高の笑顔をプレゼントして、それをエールにしたいものです。そうやって送り出した子は、家に帰ってきたくなります。パパも同じですね。

出かける前に叱ったとしても、送り出すときは気持ちをリセットして元気に「いってらっしゃい！」

気持ちをこめて「おかえり」を言う

「いってらっしゃい！」が最高の笑顔のエールなら、「おかえりなさい」は外でがんばってきたことへのごほうび。帰宅して一番に見るのが明るい笑顔なら、子どもは「あー、がんばってきてよかった」と思うはず。その積み重ねが楽しく通う原動力になります。

疲れていても、ママの笑顔で一気に復活！

なにかにつけてスキンシップする

人が一番癒されるのは、肌と肌の触れ合いです。ママやパパとのスキンシップは子どもの心を安定させるためにとても大切なアクションです。心の安定剤として積極的にスキンシップしましょう。安定した心でいることは、知識や情報を吸収していくこと、意欲的になることに必要な土台です。

スキンシップの例
ぎゅっと抱きしめる（愛を感じられる）
背中をさする（安心する）
頭をなでる（子どもに返れる）
肩をぽんとたたく（軽やかにエールを送ってもらえた気持ちになる）

スキンシップで心の栄養補給！

出かけるときは手をつないで歩く

どこでもできる一番簡単なスキンシップは、手をつなぐこと。大きくなったらつなぎたくてもつないでくれなくなりますから、小さいうちは外に出たら手をつないであげましょう。
ママに手を握られていることで、子どもはとても安心します。歌を歌って手を振りながらお散歩などすれば、子どもは喜んでくれますね。

手を握れるのは思春期前の期間限定スキンシップ！

寝るときは 今日1日のよかったことだけを 聞いてあげる

寝ている間、私たちの脳は、昼間に起こったことを整理して収納しています。しかも寝る前に質問を投げかけて寝ると、脳は眠っている間に情報を整理しながらその質問の答えをずっと探しています。そして朝目覚めたとき、ぱっとひらめいたりするのです。子どもがよく育つためには眠りは重要です。1日にあったよいこと、明日の楽しいことを思い描いて寝るようにしましょう。

素敵な明日は、眠る前のハッピーなイメージから♪

反抗する子・わがままをいう子には抱きしめてハグを

子どもが急に言うことを聞かなくなったり、駄々をこねたり、わがままをいうのは、寂しさの裏返しであることがほとんど。そんなときの特効薬は、「ハグしてチューして大好き！」です。これを１日に５回やってあげてください。私のところに来る男の子の相談はほとんどそれで解決しています。何もしていないときにもすると、子どもは愛され感を感じることができます。

ハグしてチューして大好き！をするときのタイミング例

- 学校から帰ってきたとき
- 朝送り出すとき
- 寝る前
- お風呂の中
- ふと思いついたとき

「ハグしてチューして大好き！」は子育ての特効薬

出かけるのをこわがる子には予定を詳しく説明する

急な予定の変更についていけなかったり、先の予定がわからないことに大きく不安を覚える子たちがいます。そういった傾向がみられたら、事前に予定を伝えましょう。字の読める子なら紙に書き、予定の変更がある場合は、わかった時点で丁寧に説明をします。そうすれば、子どもも取り乱さずに落ち着いて行動することができるのです。

かならず伝えたいポイント

- **いつ、何時から**
- **誰と**
- **行く場所**
- **行く順番**
- **どうやって行くか**
（交通機関の手段など）

予定は詳しく、変更は前もって

COLUMN

不登校の子が、親子のあいさつで大活躍の応援団長に

あるお子さんの話です。小学校に入学してすぐ、学校になじめずに登校を嫌がるようになり、学校まで送っていっても、校庭を逃げまわっていたそうです。

どうしたものかと悩んだママは、あいさつや笑顔の大切さを学び、送り出すときにぎゅーっと抱きしめて「大好き！」といい、最高の笑顔で「○○は大丈夫！　いってらっしゃい！！」と送り出すようにしたそうです。
すると、自然と登校拒否はおさまり、それどころか２年生になって自信をつけ、運動会の応援団長に立候補するようになりました。

熱心に練習し、当日も堂々とやり遂げる姿を見て、ママもずっと見守ってくれていた校長先生も感激したそうです。

ハグとあいさつは男の子の自信を育てる

COLUMN

反抗する子が、ハグの習慣で思いやりあふれる子に

小学校１年生の息子さんが、３歳の妹をからかったり、たたいたり髪を引っ張ったり…。「どんなに注意してもやめません、どうしたらいいのでしょう？」という相談に、「毎日『ギューしてチューして大好き！』と言ってあげてください」とアドバイスしました。それを実践したら、とてもやさしくて思いやりのある行動をとるようになったといいます。

そしてある日、寝るときに、「おかあさんの言葉を覚えてるよ。『笑って生きていくために３人で生きていこう！』ってやつ。いつも笑っててありがとう。たまにバカだなって思うけど、楽しいよ。大好きだよ！　もう言わない！　おやすみなさーい＾＾」ということまで言うように。ちなみにシングルマザーさんです。

子どもの反抗はママへの求愛行動

おうちをあたたかく
安心できる場にする

おうちがゆっくり休めて安心できる場になっていてこそ、子どもは外に出ていくエネルギーを蓄えることができます。ご飯を食べて身体が動くエネルギーをつくり出すことも大切ですが、それよりもっと大切なのは、心のエネルギーをチャージすることです。ママはとにかく、家が安心できる場、帰りたいところになるように努めましょう。

おうちをあたたかく
安心できる場にするポイント

- ☑ ママがごきげんでいること
- ☑ おうちが片づいていること
- ☑ パパとママが仲良くしていること
- ☑ 笑顔のごはんタイムを過ごしていること
- ☑ 家族でリビングにいる時間が長いこと

おうちは子どもの安全地帯

郵便はがき

料金受取人払郵便

麹町局承認

664

差出有効期間
平成28年12月
31日まで

102-8790

226

東京都千代田区麹町4－1－4
西脇ビル

㈱かんき出版
読者カード係行

フリガナ ご氏名	性別　男・女 年齢　　　歳
フリガナ ご住所　〒 TEL　　　　（　　　　）	
メールアドレス	
ご職業 1. 会社員（管理職・営業職・技術職・事務職・その他）　2. 公務員 3. 教育・研究者　4. 医療・福祉　5. 経営者　6. サービス業　7. 自営業 8. 主婦　9. 自由業　10. 学生（小・中・高・大・その他）　11. その他	

★ご記入いただいた情報は、企画の参考、商品情報の案内の目的にのみ使用するもので、他の目的で使用することはありません。

★いただいたご感想は、弊社販促物に匿名で使用させていただくことがあります。　□許可しないご購読ありがとうございました。今後の出版企画の参考にさせていただきますので、ぜひご意見をお聞かせください。なお、ご返信いただいた方の中から、抽選で毎月５名様に図書カード（1000円分）を差し上げます。

書籍名

①本書を何でお知りになりましたか。

- 書店で見て　• 知人のすすめ　• 新聞広告（日経・読売・朝日・毎日・その他　　　）
- 雑誌記事・広告（掲載紙　　　）
- その他（　　　）

②本書をお買い上げになった動機や、ご感想をお教え下さい。

③本書の著者で、他に読みたいテーマがありましたら、お教え下さい。

④最近読んでよかった本、定期購読している雑誌があれば、教えて下さい。
（　　　）

ご協力ありがとうございました。

子どもの言うことを否定せずに受け入れる

扱いづらい子たちこそ、じつは自分の思いが伝わらなかったり、叱られる理由がわからなくて困惑しているのです。親が子どもの言うことを否定せずに聞き、その子の考えていることを理解しようとするだけで、子どもは安心して落ち着いてきます。

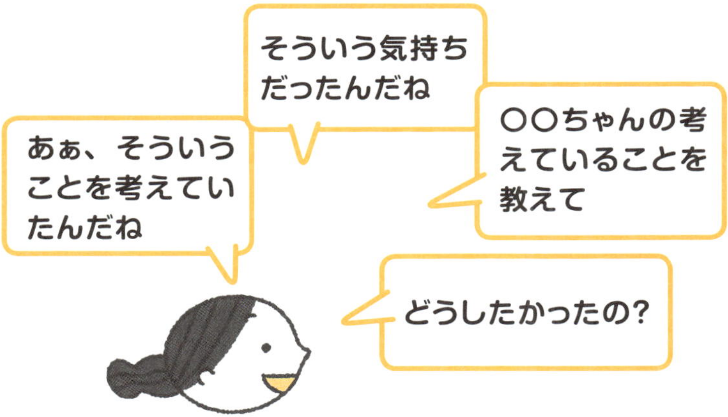
そういう気持ち
だったんだね
〇〇ちゃんの考えていることを教えて
あぁ、そういうことを考えていたんだね
どうしたかったの？

**子どもが誰より受け入れてほしいのは
親であるあなた**

子どもの「できない気持ち」を受けとめる

子どものやることを見て、「どうしてうまくできないの？」と責め口調で言ってしまうママもいることでしょう。それは期待に応えてくれていないことへの悲しみ、残念な気持ちからなのですが、一番残念で悲しいのは子ども本人のはずです。
できないことに対して子どもがどう思い、何を感じているのか、そこに関心を持って受けとめてあげましょう。受けとめてもらえた子どもは、安心して「またやってみよう」と思うものです。

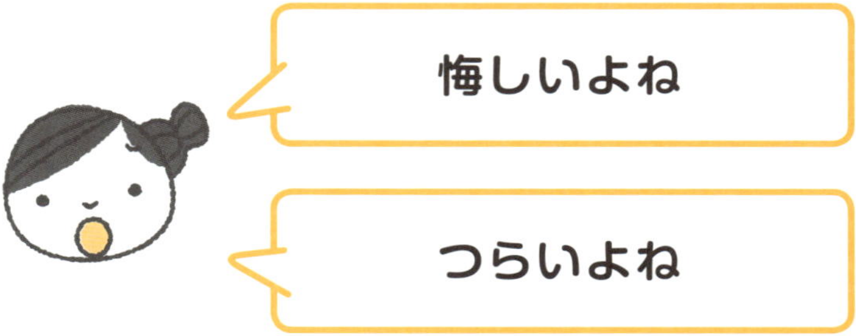

できなくて悔しいのはママより子ども

できていることを いちいち口にして認めてあげる

私たちはほうっておくと子どものできていないことに焦点を当ててしまいがちです。期待が大きければ大きいほど、そうなりますが、それではいつまでたってもハッピーになれません。前向きな気持ちになって、日々しあわせを感じられるようにするためには、できていることにフォーカスするようにしましょう。

1年前のその子と比べて できているところを探そう

楽しく一緒にお風呂に入る

お風呂はおうちの中でも異空間です。直接肌の触れ合いができ、心あたたまる環境になっているので子どもとコミュニケーションをとるのに絶好の場所です。
お風呂の時間を有効に使いましょう。ママも「はあ～、きもちいい♪」と心をゆるめることで、わが子へのいとおしい気持ちも湧きあがるでしょう。

お風呂でするといいこと

- ☑ **湯舟の中で、今日1日あった話を聴く**（子どもの心がほぐれる）
- ☑ **身体の洗い合いをする**（「ママが喜ぶことをしてあげている！」という子どもの満足感につながる）
- ☑ **歌を一緒に歌う**（一体感が生まれる）
- ☑ **泡遊びをする**（ママも童心に返れる）

お風呂で心も身体もあったまろう

突き放すのは×
信じて托すのは〇

できない子に「もうママ知らない。自分でやってごらん」と突き放した言い方をすれば、子どもも悲しくなってやる気がなくなります。子ども自身もジレンマを感じているわけですから、それをくみ取ったうえで、「○○ならもうきっとできるから。やってみてごらん」と信じて託してみると、子どもも意欲的になれます。同じ「自分でやってごらん」でもその言葉の奥に責める気持ちがあるのか、信じる気持ちがあるのかでまるで違います。

**ママが子どもを信じれば、
子どもも自分を信じられる！**

COLUMN

もし、わが子がいじめられているかもしれなかったら…

わが子がおともだちからつらい目にあっていたら、心が痛みますね。まずは、次のことをして対応してください。

1 子どもにやさしく「どうしたの？何かあったの？」と状況をよく聞き出す
2 「ママは何があってもあなたの味方」ということを伝え、おうちを絶対的に安心できる場にする
3 親が動く前に、自分で先生に相談してみるようにすすめる
4 状況を見て、長引く、あるいは悪化しているようなら園や学校に相談してみる
5 相談するときは、苦情としてではなく、様子をうかがう、お願いする、という姿勢で伝える
6 嫌なことをされたときは「僕はそれをされるといやだ。やめてほしい」と自分のメッセージできっぱり伝えられるよう、練習する

私の息子も小学校４年生のころから、軽いいじめにあっていました。そのときは次第におさまったようですが、６年生になってひとりの子から激しい集中攻撃にあうようになり、ついに「学校へ行きたくない」と言い出しました。確認のため、相手の親御さんに連絡したところ、いったんはおさまりました。

ところが再び同じ子からの攻撃が始まったとき、息子は自分でその親御さんに電話をして、解決してしまいました。私は内心ドキドキしつつ、あくまで普通に接していました。こんなに強い子は珍しいのかもしれませんが、私はすぐに親が首を突っ込んでいくより、その子自身が自分で考えて乗り越えられる力をつけさせていくことが大切だと思います。また、息子は「自分は勉強ができる」という強みが自分の支えだったようです。勉強でなくても、何かひとつ、自信のあることがあれば、子どもは自分で乗り越えられるのではないでしょうか。

COLUMN

「パパ大好き!」と言われる習慣とは?

→ママとなかよくすること!

子どもに「パパ大好き！」と思ってもらうには、ズバリ！ママとなかよくすることです。
子どもをかわいがることはもちろんですが、多くの子どもは、ママのおなかを痛めて生まれてきた分、パパよりママが好きです。とくに男の子はママを守ろうとします。

ですから「子どもの大好きなママを大切にすること」、パパがこれをしてくれていたら、子どもは間違いなく「パパ大好き！」と思うようになります。

具体的には、とくにこの２つが大切だよ！

1 奥さんに感謝の気持ちを伝える「いつもごはんをつくってくれてありがとうね」

2 明るいスキンシップ（ハグやキスなど）を心がける

PART 3

男の子が どんどん伸びる！ ほめ方・叱り方

言ってはいけないフレーズ

子どもの心を切り裂いてしまう言葉があります。言ってしまったときには、「あ～、未熟な私が成長するときだ」ととらえて、次はいい表現に変えましょう。

✕「なんでできないの？」

できないことを責める

✕「このくらいできてあたりまえでしょ」

親の価値観でジャッジする

✕「ほかの子はできるんだから、あなたができないわけがないでしょ」

ほかの子と比べる

✕「情けない」

人格を否定する

✕「そんなことができても、何の役にも立たないよ」

行動を否定する

マイナスフレーズをプラスフレーズに言い換えよう

「なんでできないの？」
➡ **「どうしたらできるかな？」**

「このくらいあたりまえでしょ」
➡ **「ここまでできたんだね！」**

「あなたができないわけないでしょ」
➡ **「きっとできるよ！」**

「情けない」
➡ **「ちょっとがっかりしたなぁ」**

「そんなことができても、何の役にも立たない」
➡ **「きっと何かの役に立つよー！」**

子どものできないことにばかり目が向いてしまうとき

できているね!

あえてできていることに目を向ける

POINT

「育てにくい！」と思うとき、どうしてもマイナス面に目が行きがち。そうすると、子どもは自信を失います。育てにくいと思うときほど、できることに目を向けてほめてあげましょう。

目を向ければ、できていることはたくさんある!

落ちつきない⇔好奇心旺盛
乱暴⇔エネルギーが高い
はずかしいことをする⇔ユーモアがある
など裏返してプラスにとらえることもできるね

達成できたことをほめるとき

10個も（数量）できたね!

30分で（時間）できたね!

POINT

「すごいね！」「がんばったね！」「やったねー！」では、何をほめられているのかわからない子もいます。「20回も縄跳びがひとりでとべて、すごいね！」「10問の計算が1分でできちゃった、昨日より30秒も早くなったよ！やったねー！」など、具体的にほめてあげると、より一層本人の達成感が高まります。

数字を入れると、やる気が増す!

少しだけ難しいチャレンジをさせるとき

POINT

遠くのゴールや大きなハードルは、先が見通しにくくてやる気が起きないことがあります。宿題やスポーツの練習なども、与えられたものを細かくし、タイムを測るなどゲーム感覚を取り入れましょう。お手伝いも細かいステップでお願いし、できたら大いにほめてあげてください。ほかにも、「まずはここまでやってみよう」の投げかけもハードルが低く感じられます。

スモールステップで軽やかに!

子どもにとって うれしいことがあったとき

やったやった!

バンザーイ!

POINT

どんな男の子も、ママが大好き。ママの笑顔、ママが喜んでくれることがとてもうれしいのです。それも自分のしたことでママが喜んでくれるのは最高。お子さんの言動や成果でうれしいことがちょっとでもあったら、大げさに一緒に喜んであげてください。「イエーイ！」とハイタッチするのも◎。

喜ぶときは手をあげよう!

ママが喜ぶ姿を見ると、子どもの喜びが２倍になるよ！

失敗してしまったとき

POINT

できると思ってやってみたのに、うまくいかなかった。そんなときに「あーあ」と言ってしまったら、次の挑戦が怖くなってしまいます。でも、失敗はチャンス。また、言葉に出すことで、脳の思考の方向性が一気に変わります。ぜひお子さんと一緒に片手を高く上げて「チャーンス！」と言ってあげてください。

起きることはチャンスばかり!

凹んでしまっているとき

「ドンマイドンマイ！ 次はどうしたらいいかな？」

POINT

「なぜわからないの？　何度も言ってるでしょ！」といった投げかけほど自信を失わせる言葉はありません。一番凹んでいるのは本人なのです。私たち親も、ここはどうしたら子どもができるようになるのか、頭をひねる機会を与えてもらったと思い、一緒に考えましょう。

「スキップ+ドンマイ」で子どもはすぐ立ち直る！

間違いに気づかせたいとき

あれ?　おかしいな?

忘れてない?

POINT

忘れ物や間違いは、自分で気づいたほうが同じ間違いを繰り返しにくくなります。そんなときは、クイズのように質問してみましょう。それで気づかないようなときにはちょっとだけ、ヒントになるような言葉や動きを加えてあげます。「自分で気づけた！」という気持ちが、子どもの自信になります。

ママは子どもに気づかせるプロになろう!

なかなかうまくいかないとき

**困ったねー。
じゃあこうしてみよっか**

POINT

「もー。何をやっているの!? いつまでそんなことをしているの？」こんな言葉を投げかけたくなるとき、本当は子ども自身に考えてもらうのがいいのですが、どうしても子どもでは解決策が浮かばないこともあるでしょう。
そんなときは上記のような提案型や、「こうしたらどうなるかな？」といった、ママも一緒に試してみるというスタンスなら、子どもは安心して取り組めます。

共感&提案でハッピー解決!

子どもが理解不能なことをしたとき

そっかぁ。そうなんだね

POINT

子どもが、親には理解不能なことをあれこれ言ってきたとき、「もー、何を考えているのか、わけがわからない」とあきれたり冷たくしたりを繰り返すと、子どもは「どうせ自分のことはわかってもらえない」と心を閉ざしてしまいます。どんなに理解不能なことを言ったとしても、その考えや思いをそのまま受けとめてあげたいですね。

子どもの心をそっくりそのまま受け取ろう!

日頃から口ぐせにしたい言葉

うれしい!

楽しい!

大好き!

POINT

ママが暗くしていても、子どもにとっていいことは何ひとつありません。元気で明るい人のところには、人が寄ってきます。まずは「うれしい！」「楽しい！」「大好き！」を意識して口に出してみてください。些細なことでかまいません。とくに子どもに言ってあげると喜びます。

ハッピーワードの口ぐせで、
ママも子どもも笑顔になれる!

ママ自身の心がざわざわするとき

ありがとう

POINT

「ありがとう」という言葉は最強ワードです。気分がいいときはもちろんのこと、心がざわざわするとき、イライラするとき、腹が立って子どもに怒鳴ってしまったときなど、ひとりごとでいいので「ありがとう」を呪文のように唱え続けてみてください。心が落ち着いてきますよ。

「ありがとう」を言えば言うほど、
しあわせがやってくる！

口に出していると心が追いついてくるよ

おおげさに伝える

うまい!　うまい!
上手!!

POINT

子どもにとって得意なことをやっているときは、気分もよく、自信もあるので、それこそ大いにほめてあげたいところ。とにかく大げさに、「うまい！　うまい！」「じょうず――――！！」と手をたたいて言ってあげてください。

上手にできたら手をたたこう!

手は肩より上にあげたほうが、心が元気になるという心理学の法則があるよ
手をたたくと、暗い気も飛んでいくよ

信じられないことをしたとき

おもしろいねー。
ママを越えてるわー！

POINT

子どもが思いもよらないことをしたら、それが多少困ることでも、「おもしろいねー。ママを越えてるわー」と言ってあげてください。ママは困っても、たいてい他人が見ると「おもしろい」ですむことが多いのです。そして「ママを越えてるわー」と言われた子どもは、とても自信をもって、「ママよりたくさんのことを知ろう！やろう！」と思えます。

わが子をよその子と思って見てみよう

がんばらせたいとき

できるよ、できるよ。
〇〇ならできるよ

（できたら）ほーらできた！

POINT

ちょっと難しいかな、と思うことをがんばらせたいときは、小さい声で「できるよ、できるよ。〇〇ならできるよ」とおまじないのようにささやきます。そしてできた瞬間に「ほーらできた！」と言ってあげると、「もう１回やってみようかな」「今度はひとりでやってみよう」という気持ちも起こってきます。

「できる！」「できる！」の
魔法をかけてしまおう！

好きなことに夢中になっているとき

○○の天才だね!

POINT

「自分は○○の天才！」と思えることがひとつでもあったら、自信をもって生きていけると思いませんか？　歴史に名を残すような偉人は、たいていひとつのことに大変長けていて、「○○の天才」と言われ続けたはずです。「たいしたことはない」より「天才！」と言いきって育てましょう。そこからどのくらいその子の力が伸びていくのか、人の可能性は無限大です。

才能の芽をめざとく見つけよう!

解決策がわからず困っているとき

○○すると△△できるよ

POINT

子どもに解決策を「こうしなさい」と指示命令口調で教えてしまうと、どうしても上からの親の重圧がかかってしまいます。そうではなくて、ニュートラルに解決策を提示してはどうでしょうか？　それをやるかやらないかは、その子次第。そのほうが子どもも受け取りやすく、自分で解決したかのような気持ちになれます。

答えを教えてあげるときは、あくまで軽やかに！

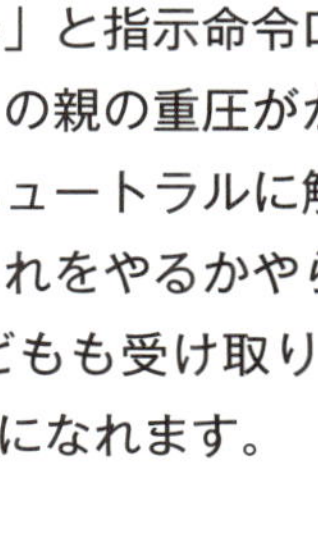
「こうするという手もあるよ」「こうしてみたらいいんじゃない？」も効果的だよ

いけないことをしたとき

ストップ！　〇〇すると△△になっちゃうよ。□□しようね

POINT

やんちゃな子の傾向として、行動の先にある結果をイメージしづらいことが多いようです。そんなとき「やめなさい！」ではなく、「〇〇ストップ！」と具体的に何をとめるのかを伝えます。そのあとに、そのことをし続けると何がどうなってしまうのか、という説明をして、「だから次からはこうしようね」と諭すのが効果的ですよ。

行動をとめたいときは、はっきり「ストップ!」

ふと「かわいいなぁ」と思ったとき

**生まれてきてくれて
ありがとう**

**○○ちゃんのおかげで
しあわせだよ**

POINT

やんちゃな子や無反応な子ほど、自信をつけさせることが大切です。ここでの「自信」は、「できないことがたくさんあっても、そんな自分でもいいんだ」という自己受容の気持ちです。ことあるごとに「○○ちゃんのおかげでしあわせだよ」と口に出してあげてください。子どもたちはみんな、ママを笑顔にするために生まれてきているのですから。

ママのあなたは、わが子に選ばれた存在です！

Q ほめるのも叱るのも難しい…。どう伝えればいいのでしょうか？

A ポイントを押さえて、どんどんほめましょう！　きちんと叱りましょう

ほめるときのポイント

1　人と比較してほめない

まわりの子やきょうだいとの比較でほめていると、ほめられたことを鼻にかけたり、人を馬鹿にするようになったりする可能性も。その子自身の行動やその奥にある心の部分に注目！

2　成果だけでなく、努力を認めてあげる

成果ばかりをほめていると、成果が出せなければ価値がない自分だと思うようになってしまう。成果が出せないと思うことは努力しなくなってしまうことも

3 「ありがとう」という感謝の気持ちでほめる

「お手伝いできてえらいね。いい子だね」では、ほめられるためにお手伝いをする、という好ましくない動機につながることも。「助かるわ。ありがとう」とママの気持ちを伝えたほうが「人の役に立つことをしたい」という好ましい動機につながる

4 親がいつも、まわりに感謝する姿勢でいる

親が人様に対して偉そうにしていたり、ひとりよがりな考え方をしていると、子どもにもそれがうつってしまうことも。親がいつも「ありがたい」という感謝の気持ちで過ごしていることが大切

5 大げさにほめる

パワーのある男の子たちには、静かなほめ方では伝わらないことも。ほめるときは元気よく大げさに、「かっこいーい！！」「さすがーーー！」「ステキーーー！」

叱るときのポイント

1　低い声で、ゆっくり、冷静に

高いキーキー声でまくし立てても逆効果。ひと呼吸置き、ゆっくり、低い声で冷静に伝えたほうが「これはまずい、大変なことをしてしまったんだ…」と反省につながりやすくなる

2　高さを合わせ、目を見て、真剣な表情で

子どもは、ママの見た目から真意を汲み取るもの。本当に叱らなければいけないときは、しゃがんで子どもの顔の高さに合わせ、「ママの顔を見て」と視線を合わせて、真剣な表情で叱る

3　短く、あっさり、さっぱりと

長くグダグダ叱っても、子どもはほとんど聞かず逆効果。端的に伝えて、それが終わったら、「はい、おしまい」とさっと普通に戻るメリハリが大切

4　理由を聞いてあげる

どんなに悪いことのように見えても、子どもの心の中には、何か理由があるはず。理由を聞かずに頭ごなしに叱っても、子どもは納得できない。まずは冷静に理由を聞いてあげることが大切

5　わかるまで伝え続ける

「一度言えばすぐわかるはず」という考えを捨てる。繰り返す過ちも、何度も言い聞かせることで直していくのだというつもりで叱る

伝わる叱り方

事実➡ママの気持ち➡いけない理由➡改善策の順に伝える

✕

もー！　どうしてそういうことするの！　危ないでしょ。やめなさい！　何回言ったらわかるの!?

○

今道路に飛び出したよね？　ママはびっくりした!!
心臓が止まりそうだった。
➡急に飛び出したら、車にはねられちゃうでしょ。
道路には飛び出さず、歩道をまっすぐ歩こうね

使ってはいけないセリフ

「ダメな子ね!」
「そんな子は嫌いです!」
「どうしようもない子ね!」
「そんな子はママの子じゃない!」

その子の人格を否定する言葉は使わないでください。子どもの心を「グサッ」と傷つけてしまいます。叱るときはあくまで「行為」を叱りましょう。

おうちせまい！

5歳・幼稚園の年中さんFくん。
おともだちの家に、ママと2人で遊びに行ったところ…

入るなり、「せまい！せまい！」を連発！

廊下の突きあたりで、「あれぇ？　廊下はここまでしかないのぉ〜？」とダメ押しのひと言！もう…ママは穴があったら入りたい…。

男の子は、愛らしい正直者!?

COLUMN

ごほうびをあげてもいいか迷ってしまったら…

ごほうびには賛否両論あるようですが、私は、努力やよいことをした後には、おまけとしてついてくる、という感覚でなら、あげてもよいのではないかと思います。ごほうびには２種類あります。

１　勉強や習い事、スポーツなど、自分が努力したことに対するごほうび
２　お手伝いなど、よいこと、人が喜ぶことをしてあげたときのごほうび

１の場合は、ごほうびの前に、達成感や満足感といった、プラスの感情を感じさせたいですね。本来はごほうびがなくても努力していけるのが望ましいので、努力や成果をほめたうえで、プラスしてあげればよいのではないでしょうか？
２の場合は、ごほうびのためにやるのではなくて、「喜んでもらえてうれしい!!」という感情が大切なので、「あ

りがとう！　助かる！　うれしいわー」と感謝を態度で示しましょう。そこに、ごほうびが対価としてついてくるというのであれば、あってもよいと思うのです。

私の知人のママは、お小遣いもお給料、といって、お手伝いをしたことに対してしかあげてこなかったそうです。お金の専門家からは、年齢が上がると自動的にお小遣いが昇給する、という教育は決してよいものではない、という話も聞きました。「人の役に立つことをしてこそ、対価のごほうびがもらえる」という教育だととらえれば、ごほうび制度もプラスにはたらきますね。

COLUMN

スマートフォンのしつけはどうすればいいの?

→子どものうちは、なるべく触れさせないほうが◯

たとえば、小さい子どもを静かにさせておきたいときなどは、ついついスマートフォンを与えてしまいがちですが、この弊害は、子どもだけでなく大人にも言われていることと同じです。

iPhoneやiPadを作り出したスティーブジョブスさえ、わが子にそれらを使わせていなかったそうです。これは、ゲームやスマートフォンによって、著しく損なわれる社交性やコミュニケーション能力、問題解決力について、はっきりと認識していたからだといいます。

電磁波が脳や身体に与える影響もあるといわれていますので、子どものうちにはなるべくさわらせないようにし、もっと楽しい時間の過ごし方を考えましょう。

COLUMN

ゲームのしつけはどうすればいいの？

→買い与えるなら、自分でできる子になってから

ゲームは子どもたちの心を虜にしてしまう魔法の機械。幼少期には、五感を刺激し、外で身体を動かしたり、リアルな体験をすることで脳が発達しますので、その時期にゲームに時間を費やすのは好ましくありません。

普段の行動を見て、やるべきことを自分でやれる子なら、与えても自制しながら使えますね。でも、日常生活で決めごとが守れなかったり、自分のことすら自分でできないような状態であれば、与えないほうがいいでしょう。買い与えるときには、しっかりと使う際の時間や場所など約束事を話し合い、それが守れなければとりあげるなどのルールを決めておきましょう。

COLUMN

パパからかけてあげてほしい言葉がけとは?

→がんばっていることを、とことん認めてあげる

パパの言葉は、ママの言葉より重みがあります。社会から太鼓判を押されたような気持ちになるのです。子ども自身ががんばって取り組んでいることを認めてあげましょう。

「それ、いいなぁ」
「そんなこともできるのか」
「そういうことが好きなのか。○○が豊かでいいなぁ!」

思うように結果が出なくても
「がんばったな!」
こんな言葉がけで、男の子はのびのびすくすくと育っていきますよ。

「8.5割ほめて、1.5割真剣に叱る」というぐらいの割合がちょうどいいよ。叱り方については132ページを参考にしてね

PART 4

ママが
もっとラクになる♪
考え方＆かかわり方

子育てがどんどん苦しくなる 2つのかかわり方

いつのまにかしつけや子育てが苦しくなってしまうかかわり方には、どんなものがあるでしょうか。代表的な２つをご紹介します。

ひとりで育てようとする

いまは核家族化して、ママひとりだけで子育てしているのが当たりまえのようになりました。だからこそ、悩めるママが増えているのです。

子育ては、ひとりでできることではありません。「ひとりで育てなきゃ」と思う必要もありません。もっと気の合うママ友や、地域の方々、子育てのサービスなどを、罪悪感をもたずに活用すればいいのです。

子育ても、みんなですればこわくない!

なんでも子どもが一番だと考えて接してしまう

家業が家電屋さんの２人の男の子のママがこんなことを言っていました。「わが家は子ども優先ではなく、親が優先。『これはおとうさんとおかあさんが働いて買ったものだから、あなたたちの好きなようにはさせない。自分の好きなものを見たり買ったり食べたりしたいのなら、早く仕事して稼げるようになりなさい』と言っている」と。それはそうだな、と思いました。

なんでも簡単に思いどおりになるようでは、努力をしない子になってしまいます。子どもが少し困ったり、不自由をしたとしても、「それを乗り越えることで成長していくんだ」と考えて、優先しすぎないようにしましょう。

「親が1番、子どもは2番」でちょうどいい

ママ自身が自分を認める

しつけに困っている、悩んでいる、そして、うまくいかない自分を責めているとしたら、そんなママの心の奥には、自分のことを認められないという気持ちが隠れていることが多いようです。**子育てがうまくいくのが「当たり前」ではなく、うまくいけば「有難い」と考え、うまくやれていないと思っても、そこに向き合っている自分を認めてあげましょう。**

子どもが授かったことだって「有難い」ことなのです。できて「当たり前」はありません。うまくできないことをさせてもらえて「有難い」、子育ては難しいから「有難い」こと、それに挑戦している私は「有難い」ことをしている、有難い存在なんだ、と認めてあげましょう。

自己嫌悪に陥るかわりに「私は十分がんばっている」の言葉がけをしよう

わが子ができないことを明るくまわりに伝える

わが子ができないことが恥ずかしい、ちゃんとさせないと、変な子と思われたらいやだ、と人の目ばかり気にしてしまうママもいます。

でも「できない」ことは「いけない」ことではありません。恥ずかしい、ととらえるのも自分の内側の問題です。それよりも、できないことはできない、と言ってしまったほうが、まわりの人の理解も協力も得られ、親子ともどもラクになれるはずです。コツは、明るく言い切ってしまうことです。

「うちの子はこれがまだできないんです」と あっけらかんと言おう

まわりに
助けてもらうことに、
罪悪感をもたない

「お互いさま」という言葉があるように、助けられるほうはもちろん、助けるほうにも喜びがあります。あなたが助けてもらうことは、「人の役に立ちたい」という誰かの欲求を叶えてあげられることでもあるのです。「人に迷惑をかけない」と教えられた私たちは、助けてもらうことに罪悪感を抱きがちですが、人に迷惑をかけずに生きていこうとすれば、動くことも呼吸することもやめることになります。それよりも、人の迷惑を許せるようになることのほうが、よほどラクでステキな生き方です。子どもたちにもそう教えたいものです。

素直に助けを求め、助けてくれる人に喜んで助けてもらい、感謝する。そうすることで、よいエネルギーの循環が生まれ、プラスの出来事を引き寄せていきますよ。

助けてもらったら、その分誰かを助けよう

つらい思いを聴いてくれる人をつくる

あなたにとって大事だと思える人の話は聴いてあげよう

人は悩むこともあれば落ち込むこともあります。子どもが生まれると、わが子のことで悩み、そんな自分に悩み…とダブルで悩みがやってくることもあるでしょう。

不平不満を言うのと、悩みを打ち明けて相談するのとは別の話です。自分のつらい心の内を頷いて聴いてくれる人を作っておきましょう。まわりにかならずいるはずです。

もしひとりもいない、と思うなら、あなたがまず、人の悩みを聴いてあげられる人になりましょう。人の悩みを聴くコツは、聴いているときは共感しますが、ずっと思い続けるのではなく、別れたら、そのことを引きずらないで忘れることです。

COLUMN

相談する相手の選び方

私はしつけの相談をよく受けますが、自分のまわりにいるママ友にはなかなか本当のことが言えない人が多いようです。それはきっと、その話がどんなふうにとらえられるかわからない、「もしかしたらよけいなことまでまわりの人に伝わってしまうかもしれない」という不安からでしょう。とはいえ、悩んだときにはすぐにでも話を聴いてもらいたいものですし、できれば近くに相談相手がいてくれるほうが安心ですよね。

そんなときの相談相手はじっくり吟味してください。まずは人の悪口などを言っていない人。媚びを売るのではなく、思いやりが感じられる人。自分のマイナス面をオープンにし

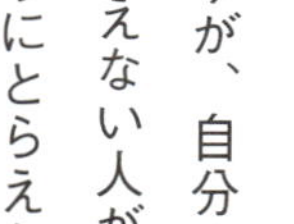

ている人。できれば子育てや心理学を少しでも学んでいる、または興味を持っている人。普段話していても、自分の気持ちが明るくなれる人。そういう人に相談するときには、軽い感じではなく、真剣に相談したいことを伝えて、まじめに話すことです。

最初は複数の人に一度に相談するのではなく、1対1がよいでしょう。場所もできればどちらかの家など、他の人の目を気にしなくてよいところを選んでください。軽い感じで相談をすれば、軽く受け取られます。真剣に話せば、悩みも真剣で大切なことだととらえてもらえますよね。

悲しみや不安を聴いてもらったら、
最後は笑顔でお礼を言う

悩みを聴いてもらえるようにするには、話す側にもポイントがあります。それは、話し終えた最後は、たとえ結論が出なくても、気持ちを切り替えて、聴いてくれたことに感謝して、笑顔で「聴いてくれてありがとう。助かりました」「ありがとう。ラクになりました」「聴いてもらえてうれしかった」と伝えることです。

話し終わったあとも沈んだ顔やため息をついていたのでは、聴いた側も役に立たなかったのか、と残念に思ったり、責任すら感じてしまうかもしれません。それでは「また聴いてあげたい」という気持ちも起こらなくなってしまいますね。終わりよければすべてよし、最後は笑顔のお礼で締めくくりましょう。

話を聴いてもらえる人になるためには、ポジティブで締めくくろう！

COLUMN

明るい未来を見せてくれる人たちとつながる

２：６：２の法則をご存知でしょうか？　どのような組織でも、２割の人間が優秀な働きをし、６割の人間が普通の働きをし、２割の人間がよくない働きをするという法則（経験則）を意味する言葉です。

組織のことをいうときの言葉ではありますが、一般社会にも通用するように感じます。前向き、ポジティブ思考な人、普通の人、ネガティブ思考な人…。人は環境の動物。まわりの人の意見で感情が大きく左右され、その感情によってとる行動も変わってきます。それは子育てにしても何にしても同じです。

人のうわさ話ばかりしているようなママ友とのお付き合い

は、挨拶程度にして、上手にかわしましょう。子ども同士の関係を心配するママもいますが、子どもは子ども、ママはママです。学校に行くようになると、ママの新しい出逢いもあってお付き合いも変わってくるものです。

自分の話を肯定的に聴いてくれる人、人の悪口を言わない人、使う言葉が明るく前向きな人たちと仲良くしていきたいですね。そんな人たちと仲良くなるためには、自分自身も明るく前向きな言動を心がけることが大切です。

もし心配なこと、ネガティブなことばかり言う人がいたとしたら、付き合う人を変えて、自分を変え、未来を変えていきましょう。

不平不満、人の悪口を言わない

私のまわりにも、お子さんがちょっと育てにくい、あるいはテストをした結果、コミュニケーションのトレーニングを受けたほうがいい、と言われたママがいます。でもその人たちが、悩んでいることはあっても、人から言われたことに不平不満を言ったり、まわりの人やよそのお子さんの悪口を言っているのを見たことも聞いたこともありません。逆に感謝の言葉やほめ言葉ばかり聞こえてきます。

不平不満、悪口には、マイナスのエネルギーがあります。出したエネルギーはそのまま自分に返ってくるもの。同じ出来事でも、見方を変えるとありがたいと思えることがかならずあるはずです。自分も子どももしあわせになりたいのであれば、不平不満や悪口を封印しましょう。

不平不満は宇宙の彼方へポイポイ投げ捨てよう！

COLUMN

身内には方針をはっきり伝える

もし身内に、わが子の個性に理解がなかったり、自分たちで考えて選んだ学校や進路などに反対意見を言ってくる人がいたら、ここはあなたが大きく成長するチャンスです。うやむやにしたり、言いなりになったりすれば、相手はそれからもずっと、あなたへの意見をやめないでしょう。

子どもの将来を考えたときに、一番大事にするのは親の意見でも自分の考えでもなく、わが子の気持ちです。ですから、わが子の気持ちを一番に考えて出した結論が反対されたとしたら、それがいくら両親でも、しっかりと自分たちの考えを伝えましょう。そのときに忘れてはいけないのは、感謝の言葉です。反対意見を言ってくる人も、その人なりに子どもの

ことを思ってくれているのですから、まずお礼を伝えます。

「おかあさん、息子のことを親身に考えてくださって、ありがとうございます。感謝いたします。息子のことに関しては、息子の気持ちを一番にしてあげたいと思っています。息子の個性を尊重し、考えに考えた結果出した結論です。どうかあたたかく見守ってくださいますよう、心からお願いいたします」

正座でもして姿勢をただし、とびきり丁寧な言葉で、心の底から伝えてください。そのあとは何を言われても「先日申し上げたとおりです」とはっきり言えばいいのです。親子とはいえ、別の人間。子は親の言いなりに生きなければいけないということはないのです。

身内にはまず感謝。
そして方針をはっき
りと伝えよう

親自身が笑顔（ごきげん）でいられるクセをつける

「ありがとう」の言葉と同じく、笑顔でいることはしあわせを引き寄せるためのもっとも効果的なおまじないです。人は明るくてまるくてきれいなものが好きな生き物なのです。暗い顔が好きな人はいません。笑顔が嫌いな人もいません。

どんなにしつけに悩んでいても、人前に出たら笑顔をまず心がけましょう。そうすれば人が寄ってきて、心から笑顔になれる事柄を運んできてくれるでしょう。そして子どもはママの笑顔が一番好きなのです。子どもの心のまっすぐな成長に、一番必要なのはママの笑顔です。一度鏡に向かってにっこり微笑んでみてください。ほっぺたが引きつるほど、歯を見せて笑ってちょうどいいのです。練習してクセにしましょう。

人前に出たら笑顔スイッチを入れよう

COLUMN

子どもにどうしても優しくなれないときは…

もしも、「子どもが困ったことばかりする、なぜか子どもがイライラすることばかりしてくる」。そんなことがあるとすれば、一度自分の子どもの頃に戻って昔の自分と向き合ってみることも大切です。

ある3人の子どものママが私のところに相談にやってきて、こんなことを言いました。「子どもがアトピーだったり、ひとりで学校に行けなかったり、いろいろと問題が多かったので、子どもと向き合うために仕事をやめました。子どもとの時間を増やし、学んだコーチングを使って子どもの話を聴こうと思ってみても、なぜかイライラするし、めんどくさいと思っ

て聴けないのです。子どももますます困ったことを起こすようになって、余計にイライラするし、自分でもどうしたらいいのかわからなくなって落ち込んでしまいました」。

そのママに、私はおかあさんとの関係と子どもの頃のことを聞いてみました。

するとママは泣き出して、「私はおかあさんに愛されていないと思っています。小さいころ、おかあさんに話したくても、おかあさんは私に向き合って聞いてくれませんでした。だから、わざと母を困らせるようなことをしたり、意地を張ってもう話さなくなりました。お姉ちゃんや弟のことばかりかわいがることに反抗していました。優しくしてほしかったし、ほめてほしかったんです。

おとうさんにも、スキーに連れて行ってもらったときに一緒に滑ってほしかったのに、私を放って一緒に行った人たち

と滑りに行ってしまいました。だから私はさみしくて、つい悪いことをしました。そしたらすごく怒られて…。家に帰ったら、父がそのことを母に話したらしく、『また悪いことしたんだってね。ほんとにしょうがないわね』と怒られました。私は『どうしてそんなことしたの？』と理由を聞いてほしかったのに…」

と、まるで子どもに戻ったかのように、泣きじゃくりながら話したのです。

私は言いました。

「ほら、それ、いま娘ちゃんがママに言いたいことだよ。娘ちゃんは小さいころのあなた。そのまんまだよ。娘ちゃんが、あなたの心の中を見せてくれてるんだよ。感謝だよね」

泣いていたママは、はっとした顔をして「あ、ほんとだ。

そうだ。そのとおりだ」と驚いていました。

「その小さいころの悲しい気持ちを全部出して、癒したら、娘ちゃんとの関係もよくなるはずだよ」

それから、親子関係はぐっとよくなったそうです。

心の世界は不思議で、わが子が親の心をすべて、あらわしてくれているのです。

親だってみんな誰かの子どもだからね

あなたもぜひ振り返ってみてください

両親にこそ感謝をする

あなたは、ご両親に対して、どんな思いをもっていますか？

素直に「心から感謝している」と思える人もいれば、なかなかそうは思えない人もいるでしょう。ただ、私たちがここに生きていて、子どもたちを授かっているという現実は、両親の存在なくしてはありえません。

私たちをこの世に生み出してくれた源である両親に感謝することこそが、私たちにとって、もっとも大切な心磨きです。

私も親に感謝のはがきを毎日書くようにしたら、仕事も息子のことも、どんどんいいことが起こりはじめました。ぜひ感謝の気持ちをどんな形でもいいので伝えてみてください。あなたの心がスッキリ晴れわたりますよ。

親への感謝が、最高の心のクリーニング！

夫婦で育児を分担しよう

しつけ・子育てに一番大切なのは、夫婦のコミュニケーションです。違う環境で育った２人ですから、しつけに対する考え方も違ってあたりまえ。夫婦でうまく役割分担するために、次のことをすりあわせしておくのが大切です。

お互いの価値観について

お互いの価値観を理解し合うことは、夫婦が円満に暮らしていくためにとてもとても大切です。どちらかが我慢のしっぱなしという状態ではハッピーではありません。望む生き方についても夫婦でよく話し合っておきましょう。

保育園の送り迎え、子どもが病気になったときについて

どちらがどれくらい何をするのか、とくに共働きの家庭ではすり合わせが大切です。お互いが、いまどんな状況なのか、正直な気持ちを共有しながら決めていきましょう。

家計費について

家のローン、生活費、教育費の支払いなど、２人の収入の分け方がお互い納得できる形になっているかどうか、オープンに話し合うのも大切です。

子育て役割表

これは、ある一家の育児役割分担例です。ぜひ参考にしてみてください。

子育て役割	父	母	備考
保育園の送り	60%	40%	できるほう、そのときによりいろいろ。子どもが誰と行きたいかで毎日違う
保育園のお迎え＋夕食準備〜寝かしつけるまで	火、木曜日	月、水、金曜日	
幼児教室（土曜日）の送迎（4〜6歳）	0%	100%	
幼児教室がない息子の相手	80%	10%	残り10%は、おばあちゃんや、私（妻）の妹にみてもらっていた
平日の朝食の用意	30%	70%	
お休みの日の朝食の用意	70%	30%	
お休みの日の夕食用意	80%	20%	
掃除	50%	50%	
洗濯	0%	100%	
遊び	90%	10%	分担しているわけではないが、遊びはお父さんのほうが多い
勉強	50%	50%	
食事の買い物、クリーニング出し	60%	40%	お休みの日は、家族で行くことが多い

COLUMN

「パパのおかげで」を口ぐせにする

ママの子育てのストレスの原因は、旦那さんが子育てにかかわってくれないことではないでしょうか。休日に子どもの面倒をみてもらえたとしても、気を使ったり、罪悪感すら抱いてしまうママもいるでしょう。お子さんが育てにくい場合はますます旦那さんに頼りたくなりますね。

でも、逆の立場になってみると、家族のために毎日遅くまで働いているわけですから、お休みの日はゆっくりしたいと思うのはパパも同じ。その気持ちをまず受けとめてあげることが大切です。

そして「一生懸命働いてお金を稼いでくれてありがとう」

という感謝の気持ちをこまめに口に出しましょう。

子どもたちには**「パパのおかげでおいしいご飯が食べられてうれしいね」「パパのおかげでお洋服が買えたね」**と旦那さんを立てるようにすれば、子どもたちがパパをバカにするようなことはなくなりますし、パパとママが仲良しなことは、子どもの育つ環境としてはもっともよいことです。

男性はとくに、本能的に頼られたい、女性を守りたいという欲求があるので、それをうまく満たしてあげると、子育ても「よし、やってみようか」という気になってくれますよ。

もちろん、スキンシップも大事だよ～♪ハグして「おかえり～！」が一番効くよ
旦那さんにうまく甘えることも、夫婦の関係をよくする鍵！

COLUMN

子育てがもっとラクになるパパのかかわり方とは?

→パパ同士の横のつながりを築くこと

どうやって子どもと接すればいいのかわからないパパもたくさんいますが、パパ同士が横のつながりを築くことで、いろいろな遊び方や接し方がわかるようになります。パパ中心でキャンプやバーベキューに連れて行くと、家族ぐるみの付き合いが増えていきます。グループや地域で子育てしているようなものですから、悩みがどんどん減っていき、心強いコミュニティができていくのです。

また、パパはよその子のことを知りません。自分の子ども以外の子を知ることで、「子育てはこうあるべきだ」という価値観を手放し、多様性を受け容れられるようになります。

これはきっと、社会（会社）と同じことですね。「こういう人たちもいるんだ」と体感することで、しつけに対する考え方が柔軟になり、ラクな気持ちになっていきます。

EPILOGUE

男の子の才能がグングン伸びるカンタン習慣

どんな子も天才になる！
ラクラク才能アップ術

子どもが天才になるには、親のちょっとした心がけがとても大切です。そのための６つの習慣をご紹介します。

子どもが集中していることを親も一緒に楽しむ

どんな子にも当てはまることですが、苦手なことを克服させるより、子どもが夢中になっていることに注目してあげてください。
どう役に立つかどうかはあとまわしにして、お子さんが夢中になれること、得意なことを一緒に楽しんであげましょう。
ママが一緒に楽しんでくれることほどうれしいことはありません。

無我夢中になれるのは天才の証拠！

本物に触れさせる

子どもも入れるコンサートや、美術館、博物館、伝統工芸など、実際に本物を見ることができる場に連れて行き、感性を磨いてもらいましょう。興味を示したものの中に、才能の芽が隠れていることはとてもたくさんあります。パパに連れて行ってもらう機会をどんどんもっていくのもいいですね。

本物の刺激で、感性の芽を伸ばそう!

親が働く姿を見せる

親の仕事に興味をもつ子もいます。親の働く姿は、子どもにとっては頼もしいもの。働く姿を見せたり、話を聞かせることで、子どもがどう思うのかを聞いてみましょう。

働き方を見せて、子どものなりたい姿を探ってみよう!

その道の専門家を探す

人生でよい師匠に出会うことは、ものすごく大きな力になります。盲目のピアニスト・辻井伸行さんも、よい指導者を求めておかあさまが積極的に行動され、息子さんの才能を最大限に引き出すことができました。どんな道にもその専門家がいます。わが子の才能を伸ばしてくれる人を、ぜひ探しましょう。

わが子の師匠をわくわく探そう!

既存のおもちゃでなく、紙や木などの材料を与えて遊ばせる

おうちにある紙やサランラップの芯、木など、材料だけを与えて、本人に遊び方を考えてもらうのはおすすめです。ゼロから１をつくるクリエイティブな感性や、自分で工夫するクセが身につきます。おもしろい遊び方をしていたら、才能がある証拠。ぜひ、クリエイティブな感性を、そのまま伸ばしてあげましょう。

オリジナルをつくらせてみよう!

子どもが自由になれる教育環境・生活環境を選ぶ

残念なことではありますが、集団生活になじみにくい子に対しての日本の見方はまだまだ冷たいものです。まわりと違うことへのマイナスの価値観が根強く残っているためでしょう。海外には、それが個性として何の偏見もなく受け入れられている国もあります。

もしあなたの子どもが、いまの環境に合わないときには、広い視野をもって環境を変えてみることもおすすめです。

子どもを育てる環境は自分で選べる!

2歳から

生活絵本で実物探し探検隊ごっこ

幼児向けの辞書型絵本（生活シーンで登場する物の絵と名前が書いてある本）はただ読んで教えるだけでなく、身体を動かして実物と照らし合わせましょう。より記憶に残り、楽しく覚えることができます。

1 本の絵を指さして「これな～んだ？」と聞く

2 子どもが答える。「ケチャップ！」

3 「よし！　じゃあケチャップを探しに行こう！！」と立ち上がり、子どもにどこにあるか案内してもらう。その場へ行く間、ママは子どもの後ろをついて「ケチャップ、　ケチャップ…どこかなー？」と行進しながら口に出す

4

子どもが「ここ！」と見つけたら、確かめて「あったあった！　やったー！」と拍手して喜ぶ。物によっては触ったり、味見をして感想を聞いたり会話をする

5

1つ終わったら元に戻して、本のところに戻り、次の物を探しに行く

3歳から

数字カードとドッツカードで神経衰弱

算数の基礎力をつけるために、ドッツ（・の集合）で数が把握できることはとても重要です。とはいうものの、カードだけをフラッシュのように見せてもなかなか集中が続かなかったり、あまり興味を持たない子どももいます。でもトランプゲームのようにして遊べば、ドッツの数を右脳（映像）で楽しく把握できるようになります。

1

片面に数字の書いてあるカード（年齢に合わせて、1～10、1～30など）と、それに対応したドッツの書かれたカードを用意する

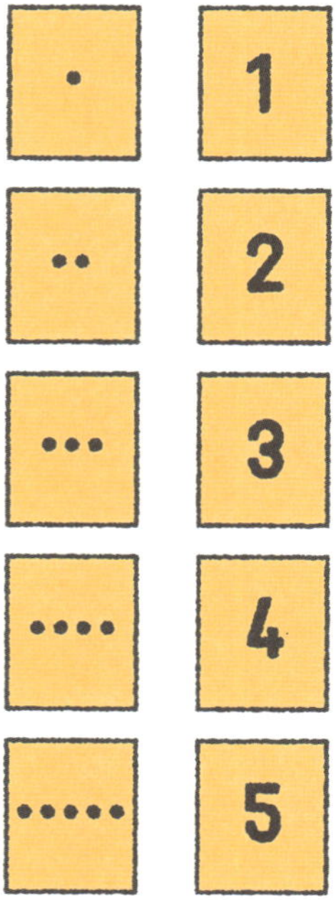

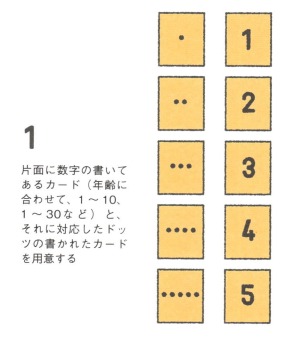

2 それぞれを裏返してばらばらに置き、神経衰弱の要領で１枚ずつ２枚引いて、対応するものが出たらもらえる

3 親子で交互に行う。同じカードが引けたら続けてできる

4 全部なくなったときに、たくさんカードを取れていた人の勝ち

※最初は数字カードゾーンとドッツカードゾーンを分けてやってもOK

3歳から

あめ玉あてっこ

ばらばらに並んでいる実物と数字を結びつける訓練の遊びです。ドッツと違って実際の物体で、なおかつ不規則に散らばったものでも、ひと目で数を把握する訓練ができます。

1 あめを10個用意する

2 適当な個数を床や座布団の上にばらまいておき、ハンカチや紙を上にかぶせて見えないようにする。
その間子どもは後ろを向いて目を隠し、10数える。

3 「もういいかい？」「もういいよ！」で子どもが振り返ったら、さっとかけてあった布（紙）を取って子どもに見せる。そしてまたさっと隠す

4 いくつあったか、子どもに当ててもらう。10回正解したら、あめ玉をひとつごほうびであげる

3歳から

おもちゃのおうち作り

お片づけをしてほしいのは、ママたちみんなの希望です。でも「ここに片づけるのよ」とお願いしても、なかなか片づけてくれないことがありませんか？　そこで効果的なのは、おもちゃの片づけ場所を「おうち」という呼び方にし、そこに帰らせてあげることです。おうちもママが決めるのではなく、あらかじめ絞った範囲の中で子どもに決めてもらうと、自分事として片づける気になりやすいのです。

1　子どもが片づけやすそうな場所をいくつか決めて、おうち候補の場所を確保する

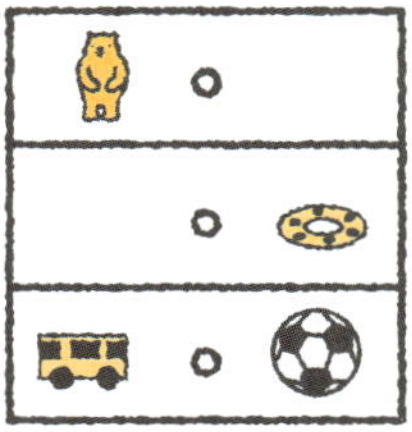

2　しまうおもちゃを一度全部出して目の前に並べる

3　「さあ！　おもちゃのおうちを作ろう！！」といって1つひとつ、おもちゃのおうちをどこにするのか、子どもに決めてもらう

4　決まったところには、おもちゃの名前や絵をかいた表札を紙で作って貼る。もしくは、箱に入れてしまう場合は、その箱に何と何を入れるのか、絵と名前を書いておく

5　遊んだあとに片づけるときには、「さあ！　おもちゃさんたち、もうおうちに帰る時間だから帰らせてあげよう！！」という声かけにする

3歳から

文字を教える

文字に興味を持たない男の子もいますよね。普通に教えても興味を持たないなら、興味を持ってもらうための工夫をしましょう。たとえば、驚くほど大きな文字を書いて、かならず目につくところに貼れば、いやでも覚えます。そしてそれを楽しく覚えられるように、身体と声で大げさに表現するのです。

1 なるべく大きな紙（A3 以上、カレンダーの裏など）に、子どもが興味のあるものの名前を 1 文字目を大きくして書く

2 それを玄関のドアなど、かならず目に入るところに貼る

3 子どもがそこに近づいたタイミングで、「わっ！『ぽ』だっ！　ん？　その下にも何か書いてある、ぽけもん、だってー！」と大きな声で驚いて言う

4 次の日は違う文字にして貼り、同じことをしていくと、そのうち「今日は何の文字だろう？」と楽しみになる

3歳から

文字カードでカルタ

カルタは絵が大きいものですが、文字だけのカードを取るようにすることで、文字が頭に入りやすくなります。男の子はとくにゲームや競争が大好きなので、その心をくすぐるとやる気になります。

1 はがきサイズの紙に、ひらがなを1文字ずつ書いて、バラバラにちりばめる

2 カルタの要領で、子どもの興味のあるキャラクターや食べ物の名前と1文字目を言う。「ヒトカゲの『ひ』！」

3 子どもにその文字を見つけてとってもらう

4 複数人数で競争してもOK。競争相手がいないときは、ママが手加減しつつ、競争相手になる

3歳から

尻文字ダンス

昔テレビ番組内でやっていた、尻文字ダンス。歌いながらお尻で文字を書きます。男の子なので、お尻を使うだけで大喜び、楽しんで身体で覚えられます。ママが大げさにはっきりやるのがコツです。

1　まずママが見本を見せる。手拍子を、パパンガパン、パパンガパンと打ちながら「♪おしりの『お』はどう書くの？」と言う

2　次にくるりとうしろを向いてお尻を見ている人のほうに向け、「こうしてこうしてこう書くの♪」と言いながら、『お』の字をお尻で書く

3　今度は子どもに同じようにやってもらう。手拍子を打ちながら「♪おしりの『お』はどう書くの？」は親子で一緒に歌う

4　子どもが終わったら大拍手して、また違う文字で行う

4歳から

身じたく電車の旅

幼稚園・学校に行く前の身じたくがなかなか進まないと、ついイライラしてしまいますよね。それを楽しく、自主的にやれるように、電車の旅に置き換えて、ゲーム感覚にするのはいかがでしょうか。

1 模造紙を縦に半分程度に切り、数枚をくっつけて2～3メートルの長さにする

2 作った紙に線路を書き、最初の駅は「おはよー」駅、最後の駅は「いってきます」駅とし、その間にやることの数だけ駅を作り、駅名のところにやる順番にそれを書く。駅名の下にはやり始める時間を時計の絵と数字で書いておく

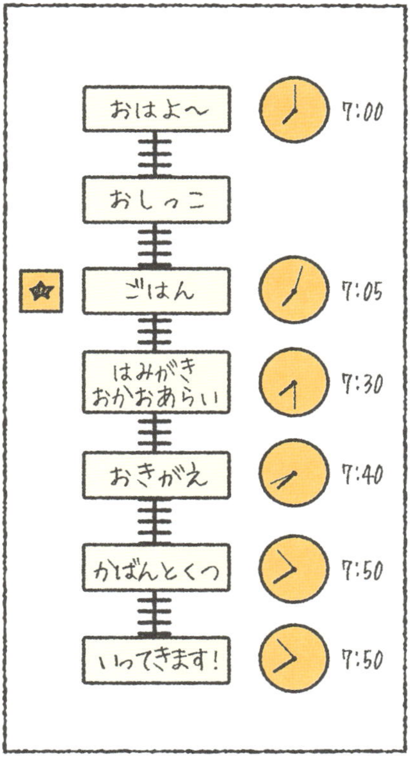

3 壁に貼って、ポストイットなど、貼ったりはがしたりできる紙に子どもの絵（人の形）を描き、駒にする。
まずは起きたらおはよう駅からスタート。次の駅に駒を貼り、「おしっこ駅〜、おしっこ駅〜」とかけ声をかけてそのことをする。終わったらまた次の駅に駒を進める

4 最後の「いってらっしゃい」駅まできたら、送り出す。ひとりで順番にできたことを大いにほめてあげる

5歳から

オリジナルすごろく

サイコロはドッツと同様の効果（映像で瞬時に数を把握する）があります。２つ使ってすごろくをすれば、足し算の訓練にもなるので、非常におすすめです。２つサイコロを使うと、市販のすごろくではすぐにゴールしてしまうので、長いすごろくを子どもと一緒に作りましょう。子どもにおもしろいことを考えてもらうと、作るときも楽しく、やるときも楽しくなりますよ。

1 模造紙など、大きな紙とマジックを用意する

2 ○（中に文字を書く）をいくつも描く。１つをスタート、１つをゴールに決める

3 ○と○を線でつなげていく。その線上にいくつも小さめの●を並べる

4 スタートとゴール以外の○に、とまったらすることを親子でアイデアを出し合って書く。してほしいことや、おかしなことを入れると楽しくなる。「パパとママがチューをする」「みんなに頭をなでてもらう」「トイレに行っておしっこをしてくる」「玄関の靴をそろえてくる」などなど…

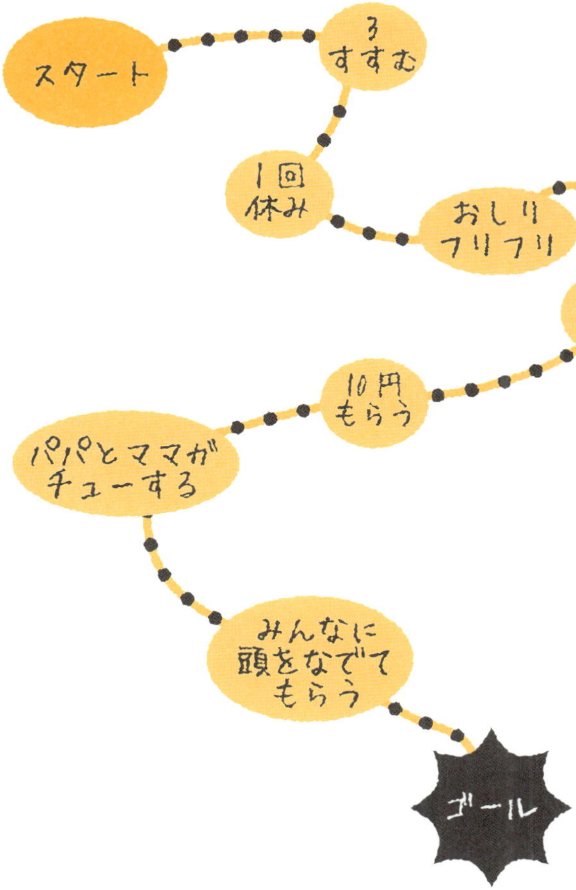

5　できあがったら適当に駒を作り、サイコロを２つ使ってすごろく遊びをする。２つのサイコロの出た目の合計を進んでいく

COLUMN

わが子が宿題をやろうとしなかったら…

多くのママが頭を悩ませる大きな原因のひとつが宿題です。
「宿題やりなさい！」と言っても子どもはやる気になりません。
宿題をやらない理由、やる気にならない理由を理解して「できるようにサポートするよ」という親の姿勢を見せることが大切です。

宿題をやらない理由は３つのいずれかが考えられます。

1　宿題よりも遊びたいから
2　わからない、おもしろくないから
3　本当に忘れているから

理由によって、対応を変えるのが効果的です。

１の場合

宿題に取り組む時間と遊ぶ時間を親子で話し合って決め、やる時間になったら親も一緒に近くに座ってサポートするようにする。教えるより、見守る姿勢が重要。監視しながら怒るのは逆効果。できたら盛大にほめる！

2の場合

どこでわからなくなっているのかを一緒に探る。わからないことを無理やりさせ続けると、勉強嫌いまっしぐらに…。わからないところまで戻って、そこがクリアできるように訓練すると◎。子どもは自分で考えてわかることならやる気になる。宿題すべてができなくても、「やった！」「できた！」という体験と気持ちを育てていくことが、自主的に取り組むようになる近道に！

3の場合

この場合、こまめに声をかける。「宿題の時間だよー」「今日の宿題はすんだ？」「宿題は何時にやるんだっけ？」など。さりげなく声をかけるのが大切。

さいごに

わが子はママに新しい世界を見せてくれる

子どもが生まれていなかったら触れていない世界を思い起こしてみてください。
たとえばテレビ番組、動物園、博物館、電車の世界…大人になってからまるで触れていない興味のなかったことに、子どもがいるからこそ触れられる。
そうすると、意外といいことを教えてくれていたり、大人にも夢や知識を与えてくれたりするのです。
ぜひ子どもと一緒に、新しい世界を見にいきましょう。

子どもの世界を大いに楽しもう！

わが子は忘れかけた無邪気さを思い出させてくれる

目の前のわが子を見てください。どんなことを喜んでいますか？　どんなことを悲しんでいますか？　子どもは無邪気です。楽しいことを素直に楽しみ、イヤなことには素直にイヤな顔をし、悔しいとき、悲しいときには思いっきり泣きます。いまこのときを存分に味わい、感じているのが子どもです。

小さい子どもは、過去を悔んだり、未来を心配したりしていません。この瞬間瞬間を一生懸命生きている、それだけです。

親になると、過去を悔んだり、未来を案じたり、いまに生きる時間よりもいまにいない時間のほうが多くなっていませんか？　生きることの本当の意味は、与えてもらった命に感謝して、いまこの瞬間を十分に味わって、喜んで生きることなのではないでしょうか？

親も、いまこの瞬間を楽しもう！

おわりに

いかがでしたでしょうか？

少しでも明るく前向きな気持ちが湧いてきたでしょうか？

じつは、この本を書こうと思ったのは、とある塾の先生との出会いがきっかけでした。地域の小中学生向けの塾をされているその先生は、私の処女作をお読みになっていたそうで、開口一番、こうおっしゃったのです。

「谷先生にぜひ書いていただきたい本があります。私のところには、いろんなお子さんがいらっしゃるのですが、お子さんの

個性を尊重しようという気持ちがない人が多いのです。でも、谷先生の御本では『子どもの意思、気持ちを第一に考えて寄り添い、できることをほめてやる気を引き出していくことで、子どもたちの可能性を伸ばすことができる』と書かれています。本当にそうだと思います。あの本の内容は、すべての親御さんに役立つものです。逆に、個性的で育てづらく、学校の勉強についていくことができないお子さんの親御さんにこそ読んでいただきたいものです。ですからそういう親御さんに向けての本を書いてください」と。

ママたちや、スクールカウンセラー、幼稚園や学校の先生、特別支援学級の先生など、たくさんの子どもたちと関わる方々にお会いしてお話を伺いましたが、みなさんが共通してこうおっしゃっていました。

「もしもわが子が少しまわりの子と違うな、育てにくいな、と

思ったら、少しでも早くその子にあった接し方や教育方法を取り入れてほしいのです。それが子どもの未来に一番よいことです。適切なかかわりをすれば、できることを増やすこと、能力を伸ばすことはかならずできます」

ありのままのわが子を受け入れて、最適な対応をしていくことが、ママにとっても子どもにとっても家族みんなにとっても、結果として一番しあわせなことなのです。

親を悲しませるために生まれてきた子は、この世にひとりもいません。いまこの瞬間、わが子が笑顔になれること、そしてママ自身も笑顔になれる方法を一緒に考えていきましょう。そうすれば、まわりが、味方になってくれます。いまの笑顔が未来につながるのです。

そんなメッセージをこの本から受け取っていただけたら幸い

です。

最後に、取材にご協力いただいた先生方、アンケートに手間暇かけてお答えいただいたおかあさま方、惜しみなくご協力いただき力強く後押しいただいた鈴木賢司先生、加藤めぐみさん、そしてステキな本に仕上げていただいた編集の星野友絵さんに心よりお礼を申し上げます。

２０１５年３月

谷　亜由未

【著者紹介】

谷　亜由未（たに・あゆみ）

◉——㈱プレシャス・マミー代表取締役。名古屋市立女子短期大学卒業後、富士通㈱に勤務。結婚・育児を経て独立。「ママであることがキャリアになる！」をキャッチフレーズに、子育てコーチングのプロを育成する事業に力を入れている。少人数制の子育てコーチング講師養成講座を東京・名古屋・大阪で開催し、これまでに250名以上の受講生を育成。募集後すぐに満席になる講座として好評を得ている。

◉——そのほか、地方自治体や企業主催の講演会などにも多数登壇し、のべ5300名を超えるママに講演を実施。子育てコーチングママを育成するeラーニングの受講者も数百名に及ぶ。日頃から、やんちゃでマイペースな子ども、とくに男の子のしつけに悩むママたちからの相談が多く、「簡単なのに一瞬で劇的に変わる」谷式しつけ法は、すでに１万人以上のママが実践。非常に高い満足度と効果をあげている。

◉——著書にベストセラーとなった『東大脳は12歳までに育てる！』『東大脳が育つ魔法の言葉』（いずれもかんき出版）、『中学生の「やる気」は親しだい！』（PHP研究所）がある。

編集協力—星野友絵（silas consulting）

１週間《しゅうかん》で男《おとこ》の子《こ》のしつけの悩《なや》みがなくなる本《ほん》　〈検印廃止〉

2015年３月２日　　第１刷発行

著　者——谷　亜由未Ⓒ

発行者——齊藤　龍男

発行所——株式会社かんき出版

東京都千代田区麹町4-1-4 西脇ビル　〒102-0083

電話　営業部：03(3262)8011㈹　編集部：03(3262)8012㈹

FAX　03(3234)4421　　振替　00100-2-62304

http://www.kanki-pub.co.jp/

印刷所——ベクトル印刷株式会社

　ISBN978-4-7612-7069-8 C0037